王亦群 ◎ 著

素养导向的
位育中学"双新"实践

上海教育出版社
SHANGHAI EDUCATIONAL
PUBLISHING HOUSE

目　录

上篇　共　识

中篇 实 践

引言　破除"内卷"，按教育规律办高质量教育

作为一种独特的社会现象，教育的改革发展不是孤立于社会整体发展之外的，而是与社会发展动态地关联与平衡的。动态变化中的社会与教育的关系不是单纯的决定和制约的线性关系，而是相互影响，始终处于互动过程之中，任何社会变迁在教育发展的历程中都有着清晰的反映，任何教育改革也都以特定的方式反映着社会变迁、影响着社会发展。[①] 教育与社会的这种动态关系意味着我们在审视、设计和促进教育改革的过程中，应该将教育的改革发展置于社会发展的整体环境中，形成一种有根基、有系统、有逻辑的思考。

党的十九大报告指出："经过长期努力，中国特色社会主义进入了新时代，这是我国发展新的历史方位。"新时代的一个重要的发展特征是对高质量的追求。党的二十大报告鲜明地指出："高质量发展是全面建设社会主义现代化国家的首要任务。"新时代提供了我国经济社会改革发展整体的新背景、新环境、新逻辑，我国教育改革发展也同样面临新的形势、新的任务、新的机遇与挑战。纵观当下教育改革发展的整体逻辑和内涵诉求，对于公平而有质量的教育的追求是一个显著的特征。从公平与质量的内在逻辑关系和社会大众对于教育改革发展的期待上看，质量显然是促进和保障教育公平的更高层次的因素，是能满足大众对教育改革发展诉求的因素。因此，谋求更高层次、更高水平的教育发展，打造高质量教育体系应该是新时代中国教育改革发展永恒的主题。实际

---

① 张行涛.教育与社会共变格局与过程[J].集美大学学报，2004，5(1):42-46.

上,自 20 世纪 90 年代我国实行教育扩招政策以后,对于教育质量的拷问和追求一直就是教育领域关注的重要话题。在追求教育高质量发展的实践之中,社会整体对于教育质量的质疑和担忧一直普遍存在。教育高质量发展的研究和实践成果虽然丰富,但成效却并不尽如人意,其中有两个关键的原因:一是整个社会并没有形成对于教育质量观的合理理解,二是在追求教育质量的过程之中所运用的思路和方法在很大程度上有失偏颇。

对于高质量教育的理解,从根本上体现了人们的质量观。质量观是对质量的总的看法与根本把握,它不是一个教育领域独有的问题。按照马克思主义哲学的理解,"质"是一种事物区别于其他事物的内在规定性,主要表现为事物的不同属性;"量"是表征事物存在和发展的规模、速度、程度,是事物在数量上的规定性。"质"和"量"的统一能够形成我们认识和辨别事物的整体逻辑范畴。① 从实践的角度来看,对于教育质量的理解,很少发端于马克思主义哲学关于质量的规定性解读,而是往往与人们对教育发展的整体判断及其对自身需求的满足程度的理解相关。从这个角度来看,高质量教育往往被简化为高层次、高水平、满足大众需求的教育。在过于强调教育竞争的教育发展环境中,这种高层次、高水平、满足大众需求的特点又往往被异化为高分数,这就形成了一种以谋求高分数来实现教育高质量发展的不良逻辑。这种逻辑所导致的就是教育领域越来越严重的"内卷"现象,这种"内卷"不仅背离了教育高质量发展的内在要求,违背了教育改革发展的规律,而且不利于教育立德树人价值的最终实现。

"内卷"是近年来我国经济社会发展过程中,网络世界和现实世界共同呈现的热词。"内卷"来源于英文 involution,其本义是一种系统性的退化。② "内卷"本是一个学术名词,在学术文献中常用作"内卷化"。经济学家韦森认为,"内卷"这个概念是德国哲学家康德在《判断力批判》一书中最早使用的。使"内

---

① 丁晓红.马克思主义哲学原理[M].上海:同济大学出版社,2004:51.
② 杨东平.教育内卷化的底层逻辑及其破解[J].中小学校长,2021(9):3-8.

卷化"概念得到发展的是两位人类学家。一位是戈登威泽，他将一类文化模式达到了某种最终的形态以后，既没有办法稳定下来，也没有办法转变为新的形态，而只能不断地在内部变得更加复杂的现象称为"内卷化"。另一位是格尔茨，他在印度尼西亚调查时发现，爪哇岛资本匮乏、土地数量有限，加之行政性障碍等，无法将农业向外扩展，致使增加的劳动力不断地被填充到有限的水稻生产中，农业内部变得更精细、更复杂，格尔茨用"农业内卷化"来概括这一过程。在中国，"内卷化"主要是随着黄宗智教授的著作《华北的小农经济与社会变迁》的出版而受到关注，这一概念甚至被认为是在中国的社会学研究中，为数不多的被公认为和中国社会的某些特色紧密联系并且使用频次较高、影响程度较深的词汇。①

　　从国内外关于"内卷"概念的发展逻辑上看，尽管对于"内卷"的研究领域不同、使用的具体界定不同、关注的社会现象不同，但是一种现象要符合"内卷"的属性，从整体上看要具备三个核心特征：第一，由于"内卷"的对象往往缺少创新、创造或者受到其他外部条件的制约而难以获得突破，因此"内卷"现象往往发生在一个相对封闭的领域或空间之内；第二，随着某个领域内参与人数的增加，整个系统的运作会越来越精细、越来越复杂，关联的问题会越来越多；第三，该领域内的人员为了追求相应的地位或者保持原有的优势地位，其内部竞争会不断加剧，从而导致整体的边际效益递减。"教育内卷化"实际上就是"内卷化"现象在教育领域的体现，它通常是指在一个相对封闭的教育空间内，教育相关人员为了达到预期的目标，不断地增加时间、精力、资本等的投入，最终导致整个教育领域的投入产出比递减，其实质是以甄别、选拔、竞争来追求所谓的教育发展，将教育打造成为一种高投入、高压力、高竞争、高消耗的社会行为，这是对教育本质问题的异化。自人类社会特别是正规的教育系统形成以来，对于教育本质问题的探讨一直贯穿于教育改革发展的历史进程之中。近年来，人们越来

① 刘世定，邱泽奇."内卷化"概念辨析[J].社会学研究，2004(5):96－110.

越倾向于从人的全面发展、人的生命幸福、人的终身成长等更人性化的维度来理解教育,实际上也就是希望能够找到一条真正指向人本身的可持续的教育发展之路,而教育的"内卷"显然与这种对教育本质的理解和对教育幸福的追求相违背,是一种违反教育规律的发展路径。

"内卷"一词之所以在社会大众特别是青年群体中流传,是因为它所描述的社会现象引起了他们的共鸣。这种共鸣不是对"内卷"作为一个学术概念和话题的追随,而是对其所反映的社会现象以及这种现象所引发的社会焦虑、社会不安的担忧。如今,"内卷"已经席卷经济社会发展的各个领域。2020 年 10 月31 日,澎湃新闻发布了一篇基于微博、知乎文章的关于"内卷"的分析报告,报告显示,"生活""加班""高考""教育""公司""学校""消费""内耗""收入"等与个人生存发展相关的词汇是"内卷"的重要适用场域。[①] 社会大众通过"内卷"这面镜子既看到了投射其中的自己以及自己的生活,也看到了那些和自己有着相同命运和处境的人,很多时候他们对于这种"内卷"既担忧又无奈。作为关涉经济社会发展、民族复兴、家庭与个人幸福的重要事业,教育不能任由"内卷"现象加剧,必须积极探索破除"内卷"的有效路径。在这个过程中,身处教育一线的教育工作者责无旁贷。

笔者是一名长期工作在高中教学和管理一线的教育工作者,在中国教育竞争较为激烈的高中教育领域,笔者对教育的"内卷"现象也有自己的理解。在笔者看来,"教育内卷"不是一个严谨的学术命题,而是一个社会性话语,用来描述教育领域中过度竞争所导致的资源和精力无效投入的现象。这种现象通常发生在教育资源有限,但参与者数量众多的情况下。具体来说,"教育内卷"可能表现在以下几个方面。

过度竞争。在学生数量不断增加和优质教育资源相对固定的情况下,为了获得更好的教育机会,学生和家长不得不投入更多的时间和精力。

---

① 王俊秀."冷词热传"反映的社会心态及内在逻辑[J].人民论坛,2021(15):96-99.

资源浪费。随着竞争的加剧，可能会产生大量无效或低效的学习活动，比如重复的练习、过度的辅导班等，这些并不有助于学生能力的提升。

心理压力过大。学校和家长对学生的期望值不断提高，这导致学生面临巨大的学习压力和心理负担。

教育不平等。"内卷化"的竞争可能会导致教育资源分配不均，经济条件较好的家庭能够为孩子提供更多的资源，从而加剧了社会阶层间的教育不平等。

创新思维发展受限。在"内卷化"的教育体系中，学生可能会过分专注于应对考试和竞争，而忽视了创新思维的发展。

长期影响。除了可能影响学生的成长，"教育内卷"还可能对学生未来的职业发展和社会的整体进步产生负面影响。

基于上述理解，笔者认为，要解决"教育内卷"问题，需要从教育体制、社会价值观、家长教育观念等多方面进行综合改革和调整。其中，较为关键的问题有两个：一是要形成正确的教育质量观，以此构建教育改革发展的正确价值导向；二是要按教育规律办事，扎实推进课程教学改革，以一种合理的方式谋求教育高质量发展。

从根本问题上看，"教育内卷"是对教育高质量发展的狭隘理解与外延式追求，把高质量教育单纯地理解为高分数、高学业成就，试图通过加班加点、强任务驱动、高利害、高竞争、高压力的方式追求教育中的所谓的优势地位，尽管其所换来的可能是短时期内的教育优势，但是从长远看却不利于教育的健康发展和学生的人生幸福。因此，要破除"教育内卷"，首先要形成合理的教育质量观，特别是形成一种着眼于学生全面发展和身心健康成长、以人才培养为核心、以提升人的自我意识为追求的内涵性质量观。[①] 一般而言，理解教育质量观可以从"谁的质量、什么的质量、怎样的质量"三个维度进行。[②] 毫无疑问，在当下以

---

① 康翠萍.培养人的自我意识：新时代高等教育质量观追问[J].大学教育科学,2019(5):18-19.
② 唐懿滢,陈晓珊,谭维智.新时代教育质量观：教育质量的内涵重塑与行动逻辑[J].全球教育展望,2023,52(11):22-30.

人为本的教育改革发展背景下,教育质量的核心对象应该是学生。谋求指向学生全面发展、终身成长和人生幸福的高质量教育,以一种可持续的、非高消耗的方式追求教育质量,应该是教育改革发展的内在诉求。也就是说,合理的教育质量观,应该是以学生的质量为核心、以学生的全面发展为标准的。树立了这样一种质量观之后,我们也应该认识到,教育不是急功近利的事业,要按教育规律办事,树立科学的教育理念和人才培养观念,扎实推进课程教学改革,夯实教育高质量发展的基础。对于普通高中教育改革发展而言,"双新"(新课程、新教材)改革实际上就是向"教育内卷"现象宣战,这种改革倡导教育立德树人价值的回归,倡导学生核心素养的培育,倡导通过课程教学理念与方式的创新实现育人方式的转型,从整体上构建一种更加契合学生成长发展需求、更加符合教育规律的教育行动逻辑。

教育现象关涉千家万户,关涉社会发展、国家富强与民族复兴,破除"教育内卷"刻不容缓。由于"教育内卷"成因的复杂性和影响的广泛性,因此要破除"教育内卷",既不可能是朝夕之功,也不可能是任意一个主体单方面就能完成的任务。在破除"教育内卷"的过程中,学校理应承担起重要的主体责任。近年来,国家层面已经连续制定并出台多项引导教育高质量发展、可持续发展、内涵式发展的相关政策。在这样的整体背景下,学校如何正确地理解并实施这些政策,如何找到破除"教育内卷"的有效方法,是值得深思的问题。

教育高质量发展与具体的社会文化情境和具体的行动情境紧密相连,背后透露着认识主体对教育发展在社会层面的共识性期待。[①] 要回应这种共识性的期待,就需要对学校教育进行个性化的思考与探索。笔者所任职的上海市位育中学创办于 1943 年,是上海市首批实验性示范性高中之一。80 多年来,位育中学秉承"生长创造"的办学宗旨,聚焦学生的自主发展,培养了多位两院院士在内的一大批杰出人才。特别是进入新时代以来,笔者作为位育中学现任校

---

① 唐懿滢,陈晓珊,谭维智.新时代教育质量观:教育质量的内涵重塑与行动逻辑[J].全球教育展望,2023,52(11):22-30.

长也一直在思考，如何在新的发展背景下，以一种更合理、更优质、更高效的方式促进学校发展的再次转型升级，这种思考的结晶就是破除"内卷"，按教育规律办高质量教育，这实际上也是位育中学建校 80 多年来一直坚守的精神。

坚持"不内卷"是因为我们有理性的追求。教育是一种社会性的实践活动，是在一定的价值观指导下的有意识、有目的的活动。"培养什么人、怎样培养人、为谁培养人"是教育的根本问题，对这个根本问题的回答，实际上体现了我们对教育本质问题的理解。自正规的教育系统产生以来，教育的本质始终是成人对于儿童生活经验的主动干预，儿童的成长是教育的基本价值所在。[①] 因此，不论我们抱有怎样的教育观念、采取怎样的教育行动，合理地促进学生的成长都应该是学校教育最本质的价值和归宿。纵观位育中学 80 多年来的办学历史，尽管在不同的历史时期所采用的具体的教育改革发展策略不尽相同，但对于教育培养什么人，我校始终是有合理的认知与追求的。我校能够结合经济社会发展的需求和学校实际情况，合理确定人才培养目标，坚持培育既符合国家战略需求，又能够主动思考、主动学习、主动成长的高质量人才。有了对教育本质问题的合理认知和与之相适应的人才培养目标，我校就能够在办学的过程中主动克服对单纯的分数的过度追求，注重学生的全面发展和健康成长，注重培育学生能够适应当下和未来生活的核心素养，坚决不采用高压力、高投入的外延式教育方式，让教育真正符合规律、符合学生成长的需要。这种对教育本质问题的合理认知和理性追求，是造就位育中学办学品质的核心要素。

坚持"不内卷"是因为我们有战略的定力。教育是求真务实的事业，需要求真务实的专注。"教育内卷"有时候并非全部源于外部的压力，也有教育系统内部的形式主义和乱作为的影响。很多学校管理者都已经感受到，在当前的教育体系中，千奇百怪的形式主义正在加重学校的负担，教书育人成了"副业"，非教学性事务成了"主业"。根据媒体的公开报道，教育领域的形式主义主要表现在

① 袁国，贾丽彬.人的全面发展：教育改革的基本价值标准[J].教育理论与实践，2018,38(20):7-9.

三个层面:教育行政管理层面,过多的检查、考核干扰了中小学正常的教育教学秩序;学校管理层面,唯经验、唯教条,导致管理低效甚至僵化;教育改革层面,缺乏有效的创新,形式大于内容。越来越多的一线教育工作者呼吁对中小学减负,少一点形式主义,多一点务实精神,给学校一片自主的天空,给老师一间从容的教室,给学生一张充分的课表。在笔者看来,教育领域中的形式主义不仅仅体现在教学、管理、改革等领域,也存在于校长办学治校的思维模式之中,而且这种形式主义的危害性往往更大。一个典型的表现就是有的校长每到一所学校任职,就要在所谓的思想和理念上进行一番"推陈出新"的创造。虽然结合实际对学校的办学理念进行个性化创造是有一定必要性的,但是一定要推翻从前、标新立异,甚至追求"语不惊人死不休"的境界,就显得没有那么必要了。这不仅会消耗校长大量的精力,也会让学校的办学历史、文化、价值等缺少传承。基于这一现象,笔者始终认为,教育要安静地进行,校长要保持战略定力,坚持做有利于师生健康成长和全面发展的事情,坚持做有利于学校办学品质提升的事情。有了这样的定力,学校就可以在很大程度上解决"内卷"问题。

坚持"不内卷"是因为我们有行动的自觉。与"内卷"相关联的一个重要词汇是"躺平",我校坚持教育"不内卷",不是采用"躺平"的消极态度,而是按照教育规律办事,以合理的方式追求高质量教育。这种行动自觉整体上体现为我校能够真正着眼于国家发展战略的需求,着眼于课程教学改革的政策导向,着眼于学校的实际情况和师生的需求,扎实推进课程教学改革,寻求内涵式的、可持续的高质量办学之路。特别是在创建实验性示范性高中的过程之中,我校积极参与上海市"二期课改",在课程教学改革的校本化路径探索上形成了大量具有借鉴和推广价值的经验,提升了学校的整体知名度和影响力。进入21世纪,我校又确立了新的发展目标,推动课程改革,深化内涵建设,着力把学校建设成为现代化、国际化的一流名校。在这一过程中,我校着眼于素质教育和学生核心素养培育的需求,不断改进课堂教学方法,形成了"依标、应时、多样、多维"的课程特点。同时,我校打造了"234"校本特色课程体系,特别是芯片与人工智能、文化寻根、生命自然、运动健康等特色课程群的建设受到了广泛关注。此外,我校鼓励自主探究,打造分层课程,渗透学科育人价值,从而进一步提升人才培养质量。正是基于这样的行动自觉,我校才能够以一种更加科学、合理的方式应对教育的高质量诉求,以一种更加有效的路径破除"教育内卷"。

破除"教育内卷",既需要有持之以恒的毅力,也需要有紧跟教育改革发展趋势的魄力。自"双新"改革实施以来,位育中学审时度势,认真研究"双新"政策,将"双新"所蕴含的思想、价值、要求与学校长久以来的办学和发展思路有效结合,积极推进以学生核心素养培育为导向的"双新"实践,特别是注重以项目化的方式抓住"双新"改革的关键问题,通过"国家课程的校本化实施"项目、"芯片科技教育"校本课程开发项目、以"问题研讨式"为核心的校本深度教研项目和"学科导师制"多维育人模式建构项目等,形成推动"双新"政策落地的整体引领力和核心驱动力。同时,进一步厘清并解决学校改革发展的主要问题,推动学校在新的办学时期向更高质量发展,寻求一种更具特色、更有影响力的方式持续破除"教育内卷",实现按教育规律办高质量教育的目标。

近年来,伴随着基础教育改革的推进和"教师即研究者""科研兴校"等命题的提出,教育科研成为学校的日常工作,科研也成为评价一所学校的主要标准之一。[1] 在这样的整体趋势下,基于学校实际情况的、由一线教学和管理人员进行的科研活动日渐繁盛。特别是进入新时代以来,伴随中国教育研究的思路与范式的转型,促进研究方法的综合化、本土化、规范化、现代化发展,提升教育研究的质量和价值,为全球教育贡献"中国智慧",已经成为中国教育研究的重要使命,而要达成这种使命,学校层面必然要有基于实践的研究成果。[2] 作为位育中学的校长,笔者不仅对于学校破除"内卷",按教育规律办高质量教育的理性追求发自肺腑地认同,而且也亲身经历了近年来学校围绕学生核心素养培

---

[1] 姬升果,王云峰.教育研究何以会走向"校本"? ——对校本教育研究的思考[J].首都师范大学学报(社会科学版),2004(6):64-66.

[2] 王嘉毅,曹红丽.新中国70年教育研究方法:变迁、反思与展望[J].中国教育科学,2020,3(1):28-37.

育和"双新"改革所进行的思考和探索。笔者深切感受到这种思考和探索不仅具有学校层面的实践价值,也具有教育研究领域的理论价值,能够生成具有借鉴和推广价值的普通高中素养导向的"双新"实践经验。本书所呈现的正是笔者以亲历者、研究者、实践者等多重身份,对位育中学在"双新"改革过程中的探索与实践的系统性审视。笔者希望这种多视角的审视与思考不仅能够帮助位育中学在落实"双新"要求的过程中进行个性化的思考与设计,为推动学校在新时期向更高质量发展提供支持,而且能够生成具有借鉴和推广价值的普通高中教育改革发展之道,为破除"教育内卷",打造公平而有质量的教育体系贡献"位育智慧"和"位育力量"。

▶ 上篇

共　识

第一章　素养导向的普通高中"双新"改革 背景思考

　　素养导向的普通高中"双新"改革作为一个教育研究命题,兼具理论属性和实践属性。一般而言,教育研究在对象和功能上有两个指向,一是指向教育理论的研究,二是指向教育实践的研究。[①] 同样地,教育研究在价值属性上也蕴含着理论属性与实践属性的双重意义,即教育研究既需要在理论层面回答"教育是什么"的问题,也需要在实践层面回答"教育应该怎么办"的问题。要达成教育研究的理论属性和实践属性之统一,就要在更复杂的整体背景下审视与讨论教育研究的价值。

　　"复杂性"作为社会学研究的一个重要命题,同样适用于对教育现象和教育问题的反思。由于教育包含着诸多复杂的生活现象,面向的每个人都是复杂而特别的,因此教育具有复杂性。[②] 教育的复杂性体现在诸多维度,例如:教育需要满足具有不同的文化背景、学习风格和智力水平的个体的需求;随着社会的发展和技术的进步,教育的内容和方法也在不断变化;教育不仅仅是传授知识,还包括培养思维能力、创新能力、社交能力和培育道德素养等;教育是一个系统性工程,涉及家庭、学校和社会多个层面的相互作用;教育的效果往往需要较长时间才能显现,这是一个长期的过程;教育可能受到社会价值观、经济状况、政

---

① 刘燕楠.对教育研究的再认识——教育理论研究与教育实践研究之辨[J].教育理论与实践,2014,34(10):11-15.

② 杨曌旻,魏星星.基于生活世界重审教育的复杂性与行动性[J].教育评论,2024(2):75-81.

策导向等多方面因素的影响;教育过程中涉及对学生的尊重、公平对待等伦理问题;随着科技的发展,如何有效地利用新技术来辅助教育也是一个复杂的问题。教育的复杂性给予我们的重要启示就是不能用单一的、线性的思维方式来看待教育事业。在推进教育改革的过程中,要用复杂性的思维方式对关涉教育改革的核心命题进行剖析,厘清其在经济、社会、教育整体改革发展中的独特定位与价值。

本书是在素养导向的普通高中"双新"改革的背景下,基于对教育复杂性的思考,通过对"强化学生核心素养培育的时代背景、注重高中学段质量提升的教育背景、持续推动人才培养改革的学校背景"的整体性分析与把握,形成的一种关于普通高中教育改革的理性认识与行动自觉。这种整体性分析与把握昭示了写作本书的必要性。

第一节　强化学生核心素养培育的时代背景

教育是培养人的社会活动,对于人的理解既是教育的起点,也是教育的追求。教育对于人的培养有着具体明确的目标,这种目标的设计不是固定的,而是与社会发展动态地关联的。这就意味着,不同的时代、不同的社会发展背景,对于人才的具体需求是不一样的,对于教育培养人才的内在呼唤也是不一样的。从当前经济社会发展和教育教学、人才培养的整体改革趋势看,注重对学生核心素养的培育已经成为世界教育改革发展与人才培养的重要价值导向,成为引领教育改革发展的重要话语方式。

一、注重核心素养培育是世界课程教学改革的整体趋势

人才培养是教育的核心任务,以课程教学改革为核心的教育改革是培养高质量人才的关键。从近年来国内外课程教学改革的整体演进看,核心素养无疑是一个广受关注、影响极为深刻的理念与导向。核心素养是基于全民终身学习的视角、是为培养能够适应 21 世纪经济社会发展的世界公民所构建的概念,具有重要的政策价值、时代价值和教育价值。

核心素养为当今世界所普遍重视,是各国与国际组织在进行教育改革时密切关注的热点。虽然各国与国际组织在核心素养的具体表达方式上存在差异,但其思想是共通的,即都重视公民关键的、必要的、重要的素养,并且都强调获得核心素养的过程是一个持续的、终身的学习过程。核心素养理念的提出及其作为一个重要的人才培养导向地位的确立,有着重要的时代发展背景。从整体上看,全球化、现代化、信息化正在创造一个日益多样化和相互关联的知识经济时代,在机遇与挑战并存的背景下,各大国际组织从人才战略的高度相继开展研究并构建了核心素养指标框架,以期回答"教育培养什么人"这一重要问题。其中,经合组织、欧盟和联合国教科文组织等极具国际影响力的组织,分别构建了《成功生活和健全社会的核心素养指标框架》《终身学习核心素养:欧洲参考框架》《全球学习领域框架》三大核心素养指标框架。[①] 在借鉴国际社会核心素养框架体系的基础上,融入对中国特有社会文化和基础教育改革与发展特殊性的思考,并基于大样本实证调查所获得的数据与结论,2016 年 9 月,《中国学生发展核心素养》总体框架正式发布。根据这一框架,学生发展核心素养,主要指学生应具备的、能够适应终身发展和社会发展需要的必备品格和关键能力。具体而言,中国学生发展核心素养,以科学性、时代性和民族性为基本原则,以培

---

① 林崇德.21 世纪学生发展核心素养研究[M].北京:北京师范大学出版社,2016:23-26.

养全面发展的人为核心,分为文化基础、自主发展、社会参与三个方面,综合表现为人文底蕴、科学精神、学会学习、健康生活、责任担当、实践创新六大素养,具体细化为国家认同等十八个基本要点。

从整体上看,尽管不同国家、地区和国际组织对于核心素养体系的具体描述不同,但是对于核心素养在学生成长和教育教学改革中的重要导向价值以及核心素养的关键指标等问题呈现出较为明显的一致性。整体而言,国际社会普遍认为,培养学生的核心素养是为了帮助学生适应快速变化的社会和经济环境,并引导其在知识、技能、情感态度和价值观等方面全面发展。国际社会普遍关注和共同认可的学生核心素养通常包括以下几个方面。

批判性思维,即要求学生能够独立思考,独立分析和评估信息,作出合理的判断。

沟通能力,即要求学生能够有效地表达自己的观点,理解他人,并在不同的社交场合中进行有效沟通。

合作能力,即要求学生能够有效地与他人协作,共同解决问题,具备团队精神。

创造力,即要求学生具备创造性思维,能够产生新的想法,创造性地解决问题。

学习适应力,即要求学生具备主动应变的能力,能够适应新的学习环境和技术,发展终身学习的能力。

信息素养,即要求学生能够顺应信息时代的发展要求,能够有效地检索、评估和使用信息。

公民素养,即要求学生能够理解并实践公民权利和责任,对社会有责任感,能够形成良好的道德观念和社会责任感,尊重多样性,提升国际理解能力。

情绪管理,即要求学生能够认识和管理自己的情绪,在压力下能够保持积极的态度。

领导力,即要求学生能够展现出领导潜质,能够激励和引导他人。

国际社会普遍认为,通过培养这些核心素养,学生可以更好地适应未来社会发展的需求,学生不仅能在学术上取得成功,也能在个人发展和社会参与中表现出色。在核心素养的引导下,教育的目的不仅仅是传授知识,更重要的是培养学生成为有能力、有责任感的公民。从这个角度出发,核心素养的意义在于,它为我们提供了一种在21世纪重新审视"教育培养什么人"这一问题的整体框架,这种框架更加聚焦于人的全面发展和核心竞争力的提升,更加关注人才培养与社会发展的密切融合,因而逐渐成为国际社会普遍认同的人才培养趋势与理念。

二、注重核心素养培育是普通高中教育改革的内在要求

核心素养作为一种人才培养理念,需要通过教育教学活动进行落实。从世界课程教学改革的整体趋势看,当前世界各国普遍注重教学中的学科融合,注重学生综合能力的发展,注重以学生核心素养模型来推动和促进课程教学的改革与发展。[①] 立足学生的核心素养,要求教学除关注学生的认知性素养之外,还需要关注学生的社会性发展与自主性发展。因此,核心素养导向的教学改革,是真正扭转传统学科教学的"知识授受"惯性,真正走向跨学科、情境化及问题解决的教学改革。[②] 这种改革既能够彰显核心素养的教学价值,又能够有助于学科育人功能的发挥,促进学科教学理念与方式的转型。根据我国的实际情况,越来越多的学者指出,围绕核心素养培育的要求,变革课程教学理念,更多地运用创新性教学行为,探索并落实隐性能力评价方式,是核心素养从国家文件框架走向教育实践的可能路径。[③]

自从核心素养作为课程教学改革的重要价值导向后,教育学界和实践领域

---

① 辛涛,姜宇,王烨辉.基于学生核心素养的课程体系建构[J].北京师范大学学报(社会科学版),2014(1):5-11.
② 张紫屏.基于核心素养的教学变革——源自英国的经验与启示[J].全球教育展望,2016,45(7):3-13.
③ 李霞.核心素养:人才培养模式改革的召唤[J].教育评论,2018(10):21-25.

对于在教学过程中如何培育学生的核心素养,或者说核心素养导向的教学究竟应该具备怎样的特征进行了持续的探索,目前形成了下列共性的结论。

注重跨学科融合。核心素养导向的教学注重将不同学科的知识和技能融合在一起,使学生能够形成更为全面的知识结构,培养学生的综合性思维,提升学生的学习能力。

强调实践性学习。核心素养导向的教学强调实践性学习,包括实地考察、项目式学习等。通过实践性学习,学生能够更深入地理解和运用所学内容,提高实际操作和解决问题的能力。

注重创新能力的培养。核心素养导向的教学注重培养学生的创新能力。教师通过激发学生的好奇心,鼓励学生提出新颖的问题,促使学生在学习中进行创新性思考并形成解决方案。

倡导学生的参与和合作。核心素养导向的教学倡导学生的积极参与和团队合作。通过小组讨论、项目合作等方式,培养学生的沟通能力和团队合作精神。

重视个性化学习和差异化教学。核心素养导向的教学充分考虑学生的个体差异,采用个性化的学习方法和差异化的教学方法。关注每个学生的学习能力和学习兴趣,通过差异化的教学方法满足学生的个性化需求。

采用多元化评价。核心素养导向的教学采用多元化的评价方式,包括项目评估、作品展示等,这有助于全面了解学生核心素养的发展情况并进行针对性的调整。

注意教育科技的整合。核心素养导向的教学注意通过教育科技,为学生提供多样化的学习工具和学习资源。通过在线学习、虚拟实验等方式,提升学生的数字素养和信息处理能力。

关注社会实践和全球视野。核心素养导向的教学倡导将课堂知识与社会实践相结合,引导学生关注社会问题,鼓励学生积极参与社会实践活动,培养学生的社会责任感,强化对学生全球视野的培养。

强调持续性的教师专业发展。在核心素养导向的教学中,教师需要不断更新教学理念和方法,提高专业素养,从而更好地适应教育的发展,满足学生的需求。

核心素养导向的课程教学改革价值已经受到广泛认同,如何在核心素养的整体导向下,不断改善和优化课程教学,是近年来课程教学研究的一个热点问题。如果说相关研究在初始的状态下更多的是一种对世界课程教学改革趋势的零散探索,那么普通高中各学科课程标准的颁布和"双新"改革的实施则成为推动相关思考和设计系统化、整体化、科学化的重要"分水岭"。普通高中各学科课程标准的颁布带来了新的理念和要求,其中较为突出的变化就是各学科核心素养的提出。可以预见的是,随着"双新"改革的深入,指向学科核心素养培育的教学将成为常态。这意味着,教师在教学中需要树立清晰的学科核心素养培育意识,注重学科整合,重视教学内容的深层次追问,创新教学方法,拓展多样化的评价标准,帮助学生建构学科知识与现实生活的内在联系。[①] 因此,对于普通高中教育而言,落实课程标准和培育学生的核心素养具有内在的一致性。以"双新"改革为基点,顺应学科核心素养培育的整体趋势,探索学科核心素养导向的课程教学改革之道,对于普通高中教育的改革发展而言,是一项重要而紧迫的任务,这也是开展本研究和写作本书的一个重要原因。

第二节　注重高中学段质量提升的教育背景

普通高中教育,是在九年义务教育基础上进一步提高国民素质、面向大众的基础性教育。这一阶段的教育不仅能够为高等教育输送高质量后备人才,而

---

① 李润洲.指向学科核心素养的教学变革[J].教育科学研究,2019(9):5-10,23.

且对学生的终身发展、生命成长也具有重要意义。正是源于普通高中教育这种独特的价值和使命,如何提升普通高中教育质量始终是教育改革中社会普遍关注的重要命题。新的时代,普通高中教育迎来了发展的新机遇,同时在法治建设、多样化发展、社会力量参与以及均衡发展等方面存在诸多矛盾和问题。[①] 要持续提升普通高中教育质量、打造高水平普通高中教育体系,就要有新理念、新思路和新举措,要以教育治理现代化的思维审视和破解普通高中教育普及发展中的现实困境,顺应政策导向,聚焦现实问题,在持续打造办学特色和推进"双新"改革的实践中夯实教育高质量发展的基础。

一、打造普通高中办学特色的持续追求

在推动普通高中教育质量提升的过程中,普通高中多样化、特色化发展越来越受到重视。大量研究指出,"同质化"是制约我国普通高中教育质量提升的重要原因。我国普通高中的发展要摆脱"同质化"困境,必须走多样化、特色化发展之路,这是社会对人才需求多样化的必然要求,也是个体发展多样化、差异性的现实需要。[②] 因此,以多样化、特色化发展推动教育质量提升成为普通高中教育改革发展过程中的重要战略选择。这一重要战略选择不仅大量体现在党和国家、各级政府、教育主管部门的政策制定之中,也成为越来越多的普通高中在办学和发展中的行动导向。

普通高中多样化、特色化发展既是时代发展所赋予的使命,也是教育以人为本的理念在高中阶段的重要体现。一方面,随着经济社会发展与变革的日益加快,人类社会进入了新的历史发展阶段,经济全球化、生活信息化和学习社会化等趋势日渐明显,这不仅重塑了人类的生活样态,也对人才培养提

① 于璇,代蕊华.新时代普通高中教育发展:困境、机遇与治理路径[J].基础教育,2019,16(1):23-29.
② 刘丽群.特色化:我国普通高中教育发展的基本走向[J].湖南师范大学教育科学学报,2012,11(6):62-65.

出了更加多样化的需求,以多样化、特色化教育培养个性化、多元化人才成为世界各国教育改革的共同主题。[①] 另一方面,人是教育的起点和归宿,差异性是人之为人的生存性基础。在教育领域,这种差异性体现为不同学生在认知风格、思维品性、发展基础、成长空间等层面的差异。基于这种本源性的差异,现代教育特别强调通过理念与方式的转型给予学生更加人性化的人文关怀和指导,而普通高中多样化、特色化发展正是这种关怀和指导的具体体现。[②]

根据相关政策,自 1949 年以来,我国普通高中多样化、特色化发展大致可以划分为四个阶段:点状尝试阶段、综合探索阶段、全面发展阶段、战略创新阶段。虽然在不同阶段的发展过程中,国家采取的具体政策和导向不同,但是从整体上看,这些政策和导向都为我国普通高中多样化、特色化发展提供了整体性的引领和支持。

2017 年,普通高中多样化、特色化发展进入战略创新阶段,其核心任务是落实教育立德树人的根本任务,全面推进普通高中课程教学改革,多维度推进普通高中多样化、特色化发展,打造契合人民群众需求的公平而有质量的普通高中教育。从本质上说,普通高中多样化、特色化发展的目的是通过有序有效的学校改进实现更高质量的人才培养。"学校改进"是近年来国内外教育改革研究中的热词,它不仅意味着要使学校成为学生学习的更好场所,更意味着一种提升学生水平和优化学校管理的非凡的教育改革方法。[③] 这种整体的改进和设计,无疑需要相关的政策支持。

2017 年 9 月,中共中央办公厅、国务院办公厅印发《关于深化教育体制机制改革的意见》,明确提出,要推进普通高中育人方式改革,深化普通高中教育教学改革,稳妥推进高考改革。这一规定实际上为普通高中多样化、特色化发

① 李颖.特色普通高中建设的策略与实践[M].北京:教育科学出版社,2014:1.
② 徐士强.同质、多样、创新:普通高中发展热点问题辨析[J].中小学管理,2010(10):44-45.
③ 霍普金斯,爱恩思科,威斯特.变化时代的学校改进[M].孙柏军,编译.北京:北京师范大学出版社,2016:4.

展提供了一个新的政策引领,如何通过课程教学改革打造学校特色成为一种值得考虑的思路。

2019 年 2 月,中共中央、国务院印发《中国教育现代化 2035》,明确提出,要加快推进教育现代化、建设教育强国、办好人民满意的教育。该文件还特别强调,要推动各级教育高水平高质量普及,提升高中阶段教育普及水平,推进中等职业教育和普通高中教育协调发展,鼓励普通高中多样化、特色化发展。

2019 年 6 月,国务院办公厅印发《关于新时代推进普通高中育人方式改革的指导意见》,强调到 2022 年,普通高中多样化、特色化发展的格局要基本形成。该文件还明确提出,各省(区、市)要结合推进高考综合改革,制定普通高中新课程实施方案,2022 年前全面实施新课程、使用新教材。

2020 年 10 月,中共中央、国务院印发《深化新时代教育评价改革总体方案》,从教育评价改革的角度为各级各类教育的特色发展和质量提升提供了保障。该文件明确提出,要坚持中国特色、扎根中国、融通中外、立足时代、面向未来,坚定不移走中国特色社会主义教育发展道路,要让促进学生全面发展的评价办法更加多元。

对于新时代的普通高中教育而言,一个重要的思路是建构"五育并举"的高质量育人体系。在"五育并举"的基础上,《关于全面加强新时代大中小学劳动教育的意见》《关于全面加强和改进新时代学校体育工作的意见》《关于全面加强和改进新时代学校美育工作的意见》等一系列政策相继出台,在促进学生德智体美劳全面发展的基础上提出了教育不同领域的特色发展之路,为普通高中多样化、特色化发展提供了更具实践价值的指引。

综合而言,从政策分析的角度看,这一时期普通高中多样化、特色化发展开始更多地出现在了党和国家及各级政府的教育政策之中,普通高中教育的改革发展被上升到了国家战略高度。在这样的整体背景下,普通高中多样化、特色化发展形成了上下联动的格局,除了国家层面的政策支持之外,各地各校因地制宜的探索不断出现,不同主题的特色化普通高中也开始不断出现。

2023 年 7 月,教育部、国家发展改革委、财政部联合发布《关于实施新时代基础教育扩优提质行动计划的意见》,其中明确提出了"实施普通高中内涵建设行动,促进优质特色发展"的要求。具体而言,就是要建设一批具有科技、人文、外语、体育、艺术等方面特色的普通高中,积极发展综合高中。支持一批基础较好的地区和学校率先开展特色办学试点,在保证开齐开足必修课程的基础上,适应学生特长优势和发展需要,提供分层分类、丰富多样的选修课程,形成体现学校办学特色的课程系列,发挥示范引领作用。这段极具实践指导价值的表述充分说明,当前我国普通高中多样化、特色化发展的重心开始由宏观层面的顶层设计转向微观领域的实践操作。

从上海市的实际情况来看,通过上海市特色普通高中建设项目和《上海市推进特色普通高中建设实施方案(试行)》《上海市推进特色普通高中建设三年行动计划(2016—2018 年)》等政策的制定,扎实推进普通高中多样化、特色化发展、探索特色普通高中建设的区域经验是近年来上海市普通高中教育教学改革的重要探索与尝试。自 2011 年起,上海市专门设立了特色普通高中建设项目,通过自主申报、综合评估、协同帮扶、挂牌推广等方式,经过 7 个批次的建设,先后命名了 19 所特色普通高中。虽然笔者所在的位育中学并不在这 19 所正式命名的特色普通高中之列,但是谋求多样化、特色化发展的理念也同样适用于位育中学的办学和发展。在整体提升教育质量的过程中,结合国家战略、社会发展和学校的历史传统打造办学特色,一直是我校重要的战略选择。特别是近年来,我校围绕国家重大发展战略和创新人才早期培养问题所开设的"芯片科技教育"校本课程、围绕"大思政课""三全育人"理念和普通高中课程教学改革所设计的"学科导师制"多维育人模式建构项目等,都清晰地刻画了我校的办学特色,为我校多样化、特色化发展奠定了良好的基础。在这样的情况下,想要进一步促进我校办学质量的整体提升,就有必要对此类点状的特色项目进行深度分析,厘清其背后的理念、价值与逻辑,将点状的特色项目提升为我校的特色品牌,以多样化、特色化发展推动我校办学质量的进一步提升,这既是对我国普通高中教育改革发展政策中多样化、特色化发展导向的积极响应,也是我校在新的发展阶段持续提升教育质量的必然选择。

二、普通高中"双新"改革的政策支持

在当下推动普通高中教育改革发展和普通高中教育质量提升的政策和制度体系中,"双新"改革是一个受关注较多、影响范围较广的领域。需要注意的是,"双新"改革存在着一种"不变"与"变"的关系:"不变"的是坚持立德树人的根本任务,是坚持为党育人、为国育才的根本目标;"变"的是传统应试教育主导下教育管理中"简单说教、单向输灌"的教育方式,是"家长制、保姆制、半军事化"的管理方式,是"满堂灌、填鸭式"的教学方式,是"死记硬背、简单模仿、大量刷题"的学习方式,是"简单重复、机械劳动、缺乏创造"的教师专业成长模式,是"分数导向"的教育评价体系,是"千校一面、缺乏特色"的学校发展方式。[①] "双新"改革的核心追求就在于推进普通高中办学特色的打造、办学质量的提升和人才培养模式的变革创新。

"双新"改革是一项系统性工程,既需要国家层面完善的政策支持和制度保障,也需要区域层面整体性的设计推动,更需要学校层面基于实际的个性化探索和思考。作为基础教育综合改革实验区,上海市在落实"双新"要求的过程中,采用全面启动、分步实施的方式,全力做好"双新"改革的指导工作,持续做好评价研究的支持工作,尽力做好"双新"项目的推进工作,扎实推进"双新"改革的培训工作,努力做好教育装备的配备工作,为"双新"改革提供有力的区域支持。在这样的整体背景下,每一所普通高中都应该结合自身的实际情况探索落实"双新"要求的校本化策略。

在区域教育改革的指导和引领下,位育中学把落实"双新"要求作为推动学

---

① 谢登科.对高中"双新"改革中"五对"关系的思考[J].中小学校长,2022(6):46-48.

校改革发展的重要契机,以系统化的思维方式设计并推动"双新"政策落地见效:我校组织教师深入学习新课程标准的内容和精神,理解新课程标准的核心理念,把握其中对于立德树人和学科核心素养的要求;我校围绕新课程标准和新课程方案,对学校原有的课程体系进行了重新设计,建构起了更加匹配学生全面发展和"五育融合"诉求的、更能够彰显学校特色的课程体系;我校鼓励教师积极参与教学改革,通过校本教研理念模式的创新,帮助教师掌握适应"双新"理念的教学理念和教学方法,特别是针对跨学科、项目化、单元整体教学等教学方法开展针对性的研究和讨论;我校通过项目化的方式引导教师对"双新"理念进行思考和探索,形成匹配"双新"的综合素质。最终通过这样一种整体性的设计,营造推动"双新"政策落地见效的良好学校氛围,实现育人方式的整体转型和学校高质量发展。

我校围绕"双新"改革设计了四个核心项目,整体体现了应对"双新"改革的独特设计和行动路径选择。笔者希望通过本书的撰写呈现这四个核心项目对"双新"改革的推动价值,形成具有参考和推广价值的"双新"校本行动路径。

第三节　持续推动人才培养改革的学校背景

回顾近代以来的人类社会发展历史,社会的每一次变革都与教育改革发展息息相关。通过教育改革提升人才培养质量,进而为经济社会各领域的发展提供强大的人力资源支持,已经成为世界各国经济社会发展的共性认识和普遍规律。目前,我国正在步入后工业化时代,同时新科技革命和产业变革蓄势待发,创新成为引领经济社会发展的第一动力。人才作为创新活动的核心要素,成为赢得国际竞争优势的战略资源,要建设世界科技强国,实现国家富强、民族复兴,人才培养起着重要的基础性作用。[①] 目前,对于人才培养改革的探索更多地集中于高等教育领域,但实际上人才的培养是一个循序渐进的过程,只有贯通各个教育阶段,联通不同教育领域,才能真正构筑起高质量人才培养的完整体系。高中教育是整个国民教育体系中的重要一环,在人才培养体系中发挥着独特而重要的作用。对于高中教育而言,要回应人才培养的时代性诉求,就是要充分发挥每一所学校的自觉性、主动性,通过富有特色的校本化探索解决人才培养的关键性问题,形成人才培养改革的有效路径,为高质量人才培养提供校本智慧,也在此过程中彰显学校教育的独特价值。

一、 学校领域高质量人才培养的理性认识

学校人才培养改革是一项系统性工程,要深入推进这一系统性工程,必须从认知和行动两个维度全面介入。也就是说,要明确新时代学校人才培养改革和人才培养质量提升应有的理念和路径,实现教育改革理论和实践的有机统一。

一方面,推动学校人才培养改革和人才培养质量提升,需要树立起科学的人才培养理念。理念是行动的先导,科学的教育理念是推动教育改革、提升教育质量的重要智力支持和行动指南。对于教育理念的认知通常有三种方式:其一,认为教育理念是对教育活动的理性认识;其二,认为教育理念是对教育理想的预设;其三,认为教育理念是对教育实践的反映。不论怎样理解,教育理念都有其重要的实践价值。教育理念作为教育实践的"指针",为教育实践指引方向。教育观决定教育的价值取向,教育的操作思路决定教育的操作路线。有了教育理念,教育实践者就有了教育的信仰和操作的航向。[②] 目前,围绕学校人

① 赵兰香,王芳,姚萌.中国人才培养急需"双重转型"[J].中国科学院院刊,2019,34(5):532-541.
② 陈平水,万碧波,韩敏.教育理念的价值及其实现[J].山西大学学报(哲学社会科学版),2010,33(5):97-102.

才培养改革,众多的教育理念不断萌发,这既显示了我国教育研究的蓬勃趋势,也为人才培养改革提供了更多的智力支持。对于学校和一线教师而言,要系统吸收先进的教育理念,如以人为本理念、全面发展理念、核心素养理念、公民教育理念等,围绕时代发展赋予教育的新特征、新使命和学校的办学定位、办学特色进行个性化加工,形成在人才培养上的价值信条。有了这种价值信条,学校就有了在人才培养领域的独特认知和行为方式,人才培养模式的改革与创新也就不会是一种盲目行为。

另一方面,推动学校人才培养改革和人才培养质量提升,需要扎实推进校本化探索。教育学是一门实践性很强的学科,教育改革成效的取得,最终也需要实实在在的行动。因此,树立起科学的人才培养理念之后,学校需要做的就是围绕这些理念进行系统的教学与管理改革,形成人才培养改革的具体行动。当然这种行动不应该是盲目的,而应该是建立在对学生、对课程、对教学等因素的合理认知基础之上的。因此,学校人才培养改革的关键在于研究学生、研究课程、研究课堂教学、研究办学资源。首先,学校和教师要学会研究自己的学生。要了解学生的现状、困惑和需求,为学生创设健康成长的环境;要了解学生的习惯、兴趣和志向,督促其养成好习惯,引导、帮助学生完成潜质、兴趣与志向的统合,做好人生规划。只有这样,学校和教师才能有的放矢地开展教育,学习才能由"外压"变"内驱",从而解决学生学习的动力机制问题。其次,学校和教师要树立开放的大课程观,构建一个开放的大课程体系。学校课程建设首先要符合学生的实际情况,满足他们的需求。"校本"的依据是"生本","校本"必须服务于"生本"。教师要教学生学得会的东西,校长要努力增强自身的课程领导力,包括必修课的目标设定、选修课的开发和使用、学校活动的课程化管理等方面的能力。再次,课堂是学校和教师开展教学工作的主要场所,是师生共处时间最多的地方,学校和教师理应关注课堂。学校要鼓励教师提高课堂效率,在课堂上解决"会"的问题。教师要以学生为主体,要以能力为重,把课堂上更多的时间、空间还给学生,开发学生的智力和思维,提高学生的能力。最后,学校和教师要学会运用现代教育技术去实现教育个性化,让每个学生都能自由、全面地发展。学校要实行民主化管理,调动教师的积极性;要给教师搭平台,引导教师常反思;要善于教育、引导家长,形成教育合力;要开放办学,与社区合作,充分利用社区资源来开展教育活动。[①] 只有如此,学校才能建构起完整的、高质量的人才培养体系,实现学校办学价值和人才培养质量的双重提升。

二、位育中学高质量人才培养的持续探索

位育中学建校 80 多年来,秉承"生长创造"的办学宗旨和"位正育卓 自主发展"的办学理念,形成了以气节教育为核心的文化内核,创造性地打造了响应国家战略的"芯片科技教育"校本课程,不断探索新时代教书育人方式的转变。位育中学在改革发展的过程中始终将高质量人才培养作为核心任务,注重通过课程教学的持续改进为人才培养提供有效的引领和支持,可以说,持续探索人才培养改革是深深镌刻在位育中学办学历史上的重要基因。

基因是一个生物学概念,引申到教育领域,可以认为,学校的基因是学校的精神、文化、传统、教育理念等方面的综合体现,这些因素共同构成了学校的内在特质和特色。每所学校都有其独特的基因,这些基因影响着学校的发展方向、教育质量和学生的成长环境,也塑造着学校与众不同的品位与风格。

位育中学要培养什么人? 早在 80 多年前位育中学首任校长李楚材先生就已对这个问题作了回答。李校长师从著名教育家陶行知先生,他秉承"教育救国"的初心,在 1943 年临危受命,担任位育中学校长。校名"位育"取自《中庸》:"致中和,天地位焉,万物育焉。""位",安其所也,讲的是秩序、定位;"育",安所遂生,就是调适。"位育"二字的字面意思就是要有顺序、有定位地发展和进步,延伸一下,就是循序渐进、因材施教。李校长以"生长创造"诠释"位育"二字,强

---

① 张绪培.办不一样的学校 培养不一样的人才[J].中国教育学刊,2012(12):1.

调"顺应教育规律,蓬勃生长,积极创造",他认为应培养"道德与知识共同提高,科学精神与人文素养相互补充,能力与身体同步增长"之人。

在"位正育卓"的基础上,位育中学进一步确立了"自主发展"的办学理念。"自主发展"包含学生的自主发展与教师的自主发展。学校聚焦学生在高中学习阶段自主学习、自主管理和自我人格的发展,学校把为学生的自主发展提供条件作为重要任务,教师必须为学生的自主发展和人格完善创造必要的条件,确保学生在自主发展的过程中能够不断地获取教师的优质指导。学生持续的自主发展也促使教师不断提升自身专业水平,两者相辅相成、同频共振。

随着中国共产党第二十次全国代表大会的召开,位育中学响应国家对人才的战略需求,进一步丰富学校"自主发展"的办学理念,坚守为党育人、为国育才,坚持"五育并举",把"培育人格健全,学业一流,自立自主,具有'正气、志气、骨气、锐气、静气、书卷气'的国家栋梁之材"作为育人目标。学校在"双新"改革的实践中更关注新时代高中生成长过程中的自主发展生长点,从育人方式、课程培育、学生发展指导等方面多点发力,特色彰显,成效显著。特别是近年来,学校着重围绕以下三个领域推动人才培养的改革与创新,形成了具有辨识度的改革探索。

(一) 聚焦育人,厚植文化,"五育融合"促进学生自主发展

位育中学以落实立德树人根本任务为目标,以教育高质量发展为主题,以提高学生的核心素养为重点,关注学生的身心健康和全面发展,教育、引导学生培育和践行社会主义核心价值观,关注教育质量,倡导知行合一,强化责任担当,努力让位育学子德智体美劳全面发展。

其一,素养育人。学生的培养离不开一所学校深厚的文化底蕴。位育中学一直以来十分注重学生的自主发展能力。新时代背景下,位育中学围绕学生应具备的、能够适应终身发展和社会发展需要的必备品格和关键能力,以立德树

人为根本目标,厚植育人文化,以培育学生的核心素养为抓手,通过"规则立身、文化传承、气节涵养、生涯导航"四组德育课程的单元模块,帮助学生"系好人生第一粒扣子",打好人生底色。

学校将传统的气节教育作为德育课程的核心板块,挖掘学科思想的育人内涵,将学科教学的明线与气节教育的暗线自然融合,研究并推动由学科教学到学科育人的教研转型和课程转型,发挥课堂教学主渠道作用,突出素养育人的理念与价值。在校本课程中,学校创造性地构建了气节教育课程,结合讲座、论坛、公益活动、参观走访等形式,围绕"五育",从自主学习、自主管理、自主规划、自主发展四个方面,设计了十二个教学单元,进行了全方位的教育指导。

其二,文化立人。位育中学努力打造"多彩、和谐、自主、有序"的文化气质和文化内核,通过开展校史教育、节庆活动、研学活动、生涯体验、社会考察、志愿者服务等丰富的学生实践活动,拓宽学生的视野,陶冶学生的情操,营造自主的精神文化,形成自主的行为规范。学校将传承与创新相结合,开展了一系列活动。例如,读书节、社团节、科技节、寝室文化节、艺术节、体育文化节、英语节、民族团结教育周等特色活动,上海市内研学、南京和绍兴社会考察、文化寻根考察、志愿服务等社会实践活动,以学生为管理和实施主体的多个社团活动。通过这些活动,位育中学将"五育并举"的理念与学校特有的"正气、志气、骨气、锐气、静气、书卷气"的"六气"养成教育相融合,贯穿在学生学习、生活、实践等各方面,浸润学生的人生底色。

学校以历史为核,在历史中挖掘气节教育的精神内涵实质。学校重新建设了位育中学校史博物馆,编撰了《位正育卓:位育中学校史研究》,组建了教师和学生共同参与的"校史宣讲团"。通过重点挖掘师生中的"位育故事",树立校友和教师中的"位育榜样",引领位育学子接续位育薪火、继承优良传统、镌刻气节基因,让涵养气节成为位育中学学生的特质和行动自觉。

作为一所寄宿制高中,位育中学充分发挥寄宿制学校的办学优势,拓宽气节教育的渠道,加强学生综合素质的培养。在学校倡导和教师指导下,学生广泛开展自主管理,覆盖了生活、学习、交往、做事等各方面,形成了比较系统、成熟的学生自主管理、自我服务、自我教育的三级管理体系。学生的领导力、协调力和服务意识得到了培养和锻炼,在身体力行中,为生活自理、学习自主、精神自立打下了良好的基础。

(二)尊重个性,呼应时代,"多元课程"培养学生自主创新能力

人的培养和国家的发展、社会的需要息息相关,所以必须与时俱进。《中国教育现代化2035》指出,要加强创新人才特别是拔尖创新人才的培养,加大应用型、复合型、技术技能型人才培养比重。高中是培养拔尖创新人才的重要阶段,基于国家对人才的需求和"双新"改革实施的背景,位育中学大胆破题,通过构建全面多元的课程体系,打造高效互动的课堂,高质量落实"双新"改革的要求,培育未来自主创新人才,具体包括以下三个方面的行动策略。

其一,呼应时代,高质量实施国家课程。在"双新"改革的背景下实施国家课程,位育中学尤其重视师生的"自觉"和"自主"。"自觉"包括对社会和时代发展趋势的自觉、对各学科各行业发展趋势的自觉、对个体自身特点及意愿的自觉等。"自主"即在课程规范实施的目标和要求下,通过教师的自主发展引领学生树立自主发展意识,开展自主发展实践,提高自主发展能力,体验自主发展成果。位育中学将国家课程的校本化实施作为核心要义,坚持四个实施原则:坚持正确的政治导向,对接时代的现实需求,选用科学的实施方法,打造完善的课程体系。课程的实施应时而变、与时俱进。学校在认真研究国家课程标准和课程方案的基础上,结合学校教学工作实际,制订学校的课程方案及课程计划,在推进实施的过程中,融入了更多的时代元素。一方面,在必修课程和选择性必修课程中进行科学、动态的调整,突出时代特征,融入更多顺应时代需求、鲜活生动的课程学习内容和课程学习手段,从而提升课程的学习品质。另一方面,在选修课程的建设中,突出校本化特色,比如结合"生涯发展导师制"项目开设

相关课程,增强高中生职业生涯规划的意识与能力,丰富其与时代对接的课程体验,促进学生的健康成长与终身发展。

其二,满足需求,构建"234"校本特色课程体系。为满足社会发展对人才的需求,促进学生个性化、多样化发展,位育中学构建了"234"校本特色课程体系,即2条主线、3类课程形式、4大课程群。2条主线指"生涯+""科技+"。通过这2条主线,明确学校校本课程的发展方向。3类课程形式指学科类、实践类、主题类。通过这3类课程形式,保障校本课程多样化开展。4大课程群指芯片与人工智能课程群、文化寻根课程群、生命自然课程群、运动健康课程群。通过这4大课程群,丰富校本特色课程体系,彰显学校特色。

其三,全国首创,打造高中"芯片科技教育"校本课程。在国家对于教育、科技、人才统筹部署以及"双新"改革不断深化的背景下,位育中学大胆破题,打造了"芯片科技教育"校本课程和线上线下资源库,研究芯片知识如何降维到高中阶段的课堂学习中,如何与高中阶段数学、物理、化学等相关国家课程在学科知识点与能力拓展上更好地衔接。2021年,学校建成了芯片教育学习体验中心。自"芯片科技教育"校本课程开设以来,我校师生的创新意识、创新能力都有不同程度的提升。短短两三年的时间里,位育学子在各种科技类竞赛中表现活跃、成绩优异。越来越多的位育学子立志走进芯片产业,投身于国家科技创新发展事业。

(三)学生为本,教师为要,"学科导师制"推动育人方式转变

人才的培养并非一蹴而就,这需要学校各个方面的守正与创新,教师是人才培养的核心力量。教育发展的关键在于教师,只有通过教师的发展才能促进学生的发展。建设高素质教师队伍,就是为学生的终身发展奠定基础。近年来,普通高中在基于学生全面发展的基础上不断探索新的育人方式,其核心就是要解决新时代教师角色定位的问题。

2019年,国务院办公厅发布《关于新时代推进普通高中育人方式改革的指

导意见》,启动了普通高中从"育分"向"育人"方式转变的重大改革。学科教师是落实普通高中育人方式改革的关键性主体。2022年,位育中学开始对"普通高中新课程视域下学科导师育人方式改革"这一问题进行研究与实践,突破以心理教师、班主任等德育工作者为导师队伍核心的发展瓶颈,探究指向全校范围的学科教师向学科导师的转型,推进"学科导师制"多维育人模式的建构。学校从课堂内和课堂外两个维度对学科导师育人课程展开设计。课堂内,将生涯发展融入学科教学。各学科把生涯发展理念和内容融入现有的教学体系中,将学科学习延伸到工作和生活,将生涯发展与学科课程教学和学习活动相结合,以改善教学效果,帮助学生了解学科对人类社会的价值以及对个人成长和未来发展的价值,帮助学生了解相关专业、行业的国家战略,培育学生经世济民、德法兼修的职业情操,实现"学科教学"向"学科教育"的转变。课堂外,开展学生升学规划指导活动。通过创设基于个性化需求的学生升学规划指导活动,聚焦于学生核心素养的获得与提升,通过"长大后我就成了你"生涯规划系列讲座、位育讲坛系列之"院士进校园"、进行职业体验的社会实践活动等,帮助学生在高中三年完成对自己学业和升学的科学规划,发现自身的兴趣与特长,增强自我监督和自我管理的能力,最终提升综合竞争力。

　　上述几个维度的人才培养探索,集中体现了近年来位育中学在落实"双新"要求的过程中,围绕高质量人才培养所进行的个性化思考与设计,这些思考与设计构成了本书撰写的基础。在本书的后续章节中,笔者将以更加全面的视角分析位育中学人才培养制度背后所呈现的系统化设计,深挖其中蕴含的教育价值与学校治理经验,形成一种能够彰显学校特色的"双新"改革整体思路。

第二章 素养导向的普通高中"双新"改革顶层设计

改革是促进教育高质量发展的关键举措。处于新时代背景下的中国教育改革,不再是一个单纯的教育问题,而是一个广泛的社会问题。这种改革不仅涉及教育系统本身,更涉及社会、政治、经济、文化、科技、家庭等方方面面,涉及包括政府、学校、教师、家长、学生等在内的多元主体。因此,中国教育改革具有复杂性,必须用复杂思维和系统思维看待并推进教育改革。① 在教育改革的系统中,学校层面的教育改革具有独特的价值。学校层面的教育改革可以更新教学方法,提高教师的专业水平,从而提升教育质量;可以更注重学生的个性发展和全面能力的培养,培养具有学校特质的高素质人才;可以帮助学校更好地适应社会和经济的发展需求,提升办学质量,扩大学校整体办学知名度和影响力;可以优化教育资源分配的不均衡问题,提供更加公平的教育机会。同时,学校层面的教育改革也能够生成具有实践价值的教育经验,为区域教育的整体转型升级提供参考与借鉴。

同中国教育整体改革的复杂性、整体性要求一样,学校层面的教育改革也应该是一种整体的、系统的改革。所谓学校整体改革,就是在学校情境中,校长领导全校根据时代发展和教育改革的要求,对本校教育实践的现状进行专业性诊断,选定改革的核心任务,确定学校发展的阶段性目标,聚焦师生能力建设和

---

① 蒲蕊.中国教育改革:复杂性、系统性与科学性[J].教育科学研究,2014(10):33-37.

课程资源建设,遵循整合、动态和系统的原则,围绕核心任务,整体设计改革路径,在教师、课程、教学和管理等重要方面进行持续革新,使这些方面能够在横向和纵向上相互衔接、相互支持、相互推动,在改革的每一阶段都给参与者足够的成长动力,从而不仅有效实现阶段性改革目标,而且逐渐建立起持续发展的校本改革机制。[①] 学校整体改革有助于围绕核心目标更好地优化资源配置,形成推动改革的系统力量,便于改革目标的最终达成。

从学校整体改革的角度看待素养导向的普通高中"双新"改革,可以认为,尽管"双新"改革只是针对课程教学领域的设计,但是作为学校改革的核心领域,课程教学改革与学校的办学理念、管理体系、文化建设、制度建设、师资队伍打造等都密切关联,推动"双新"政策落地见效不仅是课程教学领域的工作,更是引领学校整体改革发展的主线。因此,围绕素养导向的普通高中"双新"改革进行系统化的顶层设计,是这一改革能够顺利进行并取得实效的关键。

第一节　对"双新"改革内涵的个性化理解

"双新"改革是国家和区域层面为推进普通高中教育改革、促进普通高中教育质量提升而进行的一种高位的政策设计。从政策学的角度看,正如美国政策学家艾利森所言,在实现政策目标的过程中,方案确定的功能只占10%,而其余90%取决于有效执行。[②] 对于教育改革发展而言,学校显然是重要的政策执行者,学校对于教育改革政策的理解力、执行力在很大程度上决定了政策执行的最终效能。有研究者总结了近年来我国教育教学改革发展的样态,认为发端

---

① 陈雨亭.学校整体改革的内涵与实践维度[J].教育科学研究,2018(11):51-55,67.

② 陈刚.公共政策学[M].武汉:武汉大学出版社,2011:140.

于基层学校的课程教学改革是我国教育领域的重要事件。这些改革呈现出以生命的回归与彰显为价值诉求,以关系、过程与时空之变为改革核心等特征,其中最为基础的是学校改革自我意识和内生动力的觉醒。[①] 也就是说,随着新一轮课程教学改革的深入,特别是各类各层教育治理体系的完善,学校的课程教学等教育其他领域的自主权在不断扩大,教育管理的逻辑体系将得到重构。作为一线学校,在国家、区域整体教育改革发展的大潮中,要树立起鲜明的自觉、自发、自为意识,主动形成对教育改革政策的校本化理解,主动结合学校实际寻找落实课程教学改革政策的核心领域和关键举措,主动建构起一种以课程体系重构引领教育政策整体性落实的行动范式。在这个过程中,如何形成对国家课程教学改革政策的校本化理解是一个基础性工作。基于这样的理解,要推动素养导向的"双新"实践,首先要基于"双新"政策的整体界定,融入个性化的思考,形成学校层面对于"双新"理念的个性化理解。

在位育中学看来,作为一种契合新时代普通高中教育改革发展的整体性设计,"双新"改革蕴含的理念是系统而丰富的,从学校层面理解和推动"双新"政策落地见效,最为关键的是要把握以下三个方面的基本要求。

一、坚定教育立德树人的基本立场

教育活动是有立场的,这种立场表征的是"教育是为了谁"。毫无疑问,学生是教育的起点,也是教育的归宿,这意味着育人方式的改革必须坚持立德树人的价值导向,着眼于"育人"这一核心命题。要全面落实习近平总书记关于培养担当民族复兴大任的时代新人的要求,结合不同学段的特征,坚持以核心素养为导向,注重学生发展的全面性、代际性、阶段性、个体性特征,借助信息技术的支持,真正做到关爱学生、研究学生、尊重学生、成就学生,倾听

---

① 李辉.我国基础教育学校课堂改革概览与展望[J].中国教育学刊,2013(8):35-39.

学生的需求,满足学生的需要,体现以学定教、为学而教的价值导向。特别是要跳出传统的、单一的学科知识传授模式,注重培养学生能够适应未来社会的核心素养与综合能力,真正打造"面向人人,适合人人,人人出彩,人人成才"的高质量教育体系。

对于打造高质量教育体系的诉求,实际上贯穿于中国各个历史时期的教育改革进程中。"双新"改革所倡导的育人方式的转变和高质量教育体系的打造呈现出一个鲜明的特征,那就是对教育立德树人核心价值的尊崇。"双新"改革突出了两个核心概念,一个是核心素养,一个是立德树人。这二者之间有着重要的内在关联性。与核心素养相比,立德树人是一个更高层面的概念。教育是培养人的社会活动,人是一种目的性存在,是现代化的核心价值关切,我们不能因为市场经济生活与技术的飞速发展而遮蔽了根本价值诉求,对于受教育者道德层面的引领和塑造正是这种根本价值诉求的体现。① 党的十八大报告首次把立德树人明确为教育的根本任务,党的十九大、二十大报告又分别从不同角度强调了立德树人的重要意义。立德树人是一个体系,以学科核心素养为导向的教学,突破了传统意义上对于知识、技能的单一要求,更加重视道德、情感、思想、价值等领域的建构,因而能够成为承托立德树人教育根本任务的重要载体。因此,对于学校而言,要理解和落实"双新"改革的要求,就要树立起坚定的立德树人价值导向。这种价值导向在教学实践中的要求具体体现为以下两个维度。其一,要突破传统的以知识为导向的教学价值观,注重培养学生的学科核心素养,通过学生学科核心素养的培育促进学生全面发展,为学生德智体美劳诸方面能力的培育提供坚实基础。其二,要唤醒全体教师的立德树人意识,发挥学科教学的育人作用,形成立德树人的完整系统,引导普通高中教育实现从"育分"到"育人"的整体转型。

---

① 邹广文,杨景玉.新时代教育如何立德树人[J].人民论坛,2019(6):28-30.

二、推动育人方式转变的核心价值

普通高中育人方式改革是落实立德树人根本任务,适应人才成长规律,推动教育高质量普及化发展的需要,推动育人方式转变也是此次"双新"改革的核心价值与追求。[①] 育人方式是普通高中围绕人才培养所进行的全面、系统和整体的设计,与教育立德树人根本任务的落实指向性一致。[②] 转变育人方式是指在教育领域对传统的教学模式、教学方法、教学理念等进行改革和创新,以适应时代发展的需求,更好地培养和提升学生的综合素质。一般而言,转变育人方式是一个系统性工程,通常包括以下几个方面。

教育理念的转变,即推动教育从应试教育向素质教育转变,注重培养学生的创新能力、批判性思维、团队合作精神和终身学习能力。

教学方法的创新,即注重采用更加多样化、互动性更强的教学方法,如翻转课堂、项目式学习、小组讨论、跨学科学习、综合实践学习等,以提高学生的参与度和兴趣。同时,充分利用信息技术和互联网资源,提高教学效率,实现个性化教学。

评价体系的改革,即建立更加全面和科学的评价体系,不仅关注学生的考试成绩,而且注重学生的个性发展、创新实践能力和道德素养的培育,体现评价的过程性、发展性、真实性与增值性。

课程设置的优化,即开设更多契合学生兴趣、与未来职业发展相关的课程,提供多样化的课程选择,以适应不同学生的需求。

教师角色的转变,即要求教师从知识的传授者转变为学习的引导者和促进者,更多地鼓励学生进行自主学习和探究。

---

① 赵冬冬,朱益明.普通高中育人方式改革的理论要义、现实挑战与实施建议[J].中国教育学刊,2021(9):56-61.
② 陈如平.以育人方式改革为重点推动普通高中深度变革[J].中国教育学刊,2020(8):31-35.

家校合作的加强,即要求以系统开放的思维看待教育,要求家长和学校之间建立更紧密的合作关系,共同参与学生的教育过程,形成教育合力。

转变育人方式是一个持续的过程,需要教育工作者、学校、家长以及社会各界的共同努力和支持。值得注意的是,育人方式的转变是一个兼具理论价值和实践价值的命题,需要有清晰的规划、设计和持续性的改进行为。着眼于普通高中育人方式的转变,"双新"改革提出了明确的"行动路线图",倡导建构起"大命题→大课程→大课堂"的系统联动的行动逻辑。"大命题"即育人方式的转变要始终围绕教育"培养什么人、怎样培养人、为谁培养人"的命题进行,彰显为党育人、为国育才的价值使命。"大课程"就是要凸显课程建设在人才培养中的基础性价值,要在国家课程方案的框架内设计具有学校特质的科学的课程体系,以课程的丰富性、选择性、开放性、系统性更好地发挥教育的立德树人作用。"大课堂"就是要消除过去课堂教学中过于注重知识传递的弊端,坚持基于课程标准的教学,围绕"素养导向、学科实践、终身学习、因材施教"的原则,通过大主题、大单元、大概念的学习,深化教学改革,挖掘学习内容的育人价值。同时要注重打通课堂内外的联系,打破学校和家庭、社会的割裂局面,打破学科壁垒,形成有机整合、有效运行的教学系统。

三、打造优质师资队伍的现实诉求

教师教育是教育事业的工作母机,是提升教育质量的动力源泉。[1] 党的二十大报告强调,要坚持教育优先发展战略,加强师德师风建设,培养高素质教师队伍,弘扬尊师重教社会风尚,这为新时代我国教师教育事业的发展确立了行动方向。[2] 习近平总书记关于新时代教师队伍建设的系列要求和对

---

[1] 董辉,孙少帅.以新时代教育家精神引领教师教育高质量发展[J].陕西师范大学学报(哲学社会科学版),2023,52(5):37-45.

[2] 习近平.高举中国特色社会主义伟大旗帜 为全面建设社会主义现代化国家而团结奋斗——在中国共产党第二十次全国代表大会上的报告[M].北京:人民出版社,2022:34.

教育家精神的阐释,构筑了教师队伍建设的根本遵循。从当前我国各级各类教育改革发展的整体趋势看,以高质量教师队伍建设打造高质量教育体系逐渐成为一种共性选择。"双新"理念的落实、育人方式的改革是多主体共同参与的完整系统,其中起着核心作用的必然是教师。因此,高质量、专业化的教师队伍是转变育人方式的主要力量,是推动"双新"政策落地见效的关键因素。教师能否树立起与"双新"相契合的课程教学理念,能否掌握与"双新"相匹配的教学、管理和评价方法,在很大程度上决定着育人方式转变的成功与否。要更好地落实"双新"要求,一方面,教师要有"大先生"的意识和追求,既精通专业知识、做好"经师",又涵养德行、成为"人师";另一方面,要通过高质量校本教研,着力提升教师能够适应"双新"改革和育人方式转变的教学素养,特别是要对跨学科学习、大单元与大概念学习、项目化学习、综合实践学习、基于信息技术的教学评价等问题进行深入的学习和探索,丰富教师能够适应育人方式转变的技术储备。

第二节　对"双新"教学的分类设计

课程与教学是教育的基本构成和核心构成。尽管课程思想源远流长,但课程作为一个独立的研究领域,从教育中分离出来是在 20 世纪初期。[①] 即便在这短暂的历史中,课程领域的改革依然清晰地勾画出了教育改革的整体趋势,表征着教育改革的核心价值。

不论什么学校,不论承担哪个阶段、何种层次的教育,课程都是学校育人的最基本的元素。尽管"双新"改革是一个系统性的改革,但这种改革最核心、最

---

① 张华.课程与教学论[M].上海:上海教育出版社,2000:1.

本质的要求应该体现在学校的课程设计以及与之相关的教学改革之中。按一般的经典理解,课程是指学校学生所应学习的学科总和及其进程与安排。课程是对教育目标、教学内容、教学活动方式的规划和设计,是教学计划、教学大纲等诸多方面实施过程的总和。[①] "双新"改革明确提出了立德树人的价值导向,提出了各学科的核心素养,并以此为基础整体勾画了课程方案和课程实施要求,这实际上就是对学校的课程改革提出了一种整体性的设计与规划。我校认为,素养导向的"双新"改革,其核心在于课程领域的改革,对课程建构、实施、评价的整体性设计是这种改革的关键。因此,要整体推进"双新"改革,首先要结合学校现有的课程样态,形成对课程建构、实施、评价的整体性设计,并以这种整体性设计为指引,推动具体领域的课程改革。

一、"双新"背景下的课程建构设计

"双新"背景下的课程建构的关键词和核心思想是"位正、育卓、创生"。

"位正",指高质量实施必修课程、选择性必修课程和选修课程,将新课程、新教材落实到位,将劳动教育落实到位,将国家课程的校本化实施作为核心要义。注重培养学生必备的基础知识和基本技能,让学生获得能够适应社会生活与发展需要的基本经验,培养学生的抽象思维和推理能力,促进其在情感、态度、价值观等方面综合发展。

"育卓",指立足国家课程,通过校本课程着力培养学生的创新意识和实践能力,引导学生体会知识之间、学科之间、学科与生活情境之间的联系,并运用所学的学科思维方法进行思考,增强学生提出、分析和解决问题的能力,利用分层分类的方式满足各类学生的需求。

"创生",指通过校本特色课程,运用项目化学习的方式,将学科知识与传统

---

① 韩艳梅.系统化学校课程设计:有效研制的实践指南[M].上海:华东师范大学出版社,2021:2.

文化、现代生活和未来科技相融合,帮助学生提高学习兴趣,增强学习信心,培养创新意识和科学态度,同时在此基础上了解未来职业的发展方向,做好职业生涯规划。

在"位正、育卓、创生"整体理念的引领下,位育中学立足学科特色,通过 2 条主线、3 类课程形式、4 大课程群,构建了"234"校本特色课程体系。

2 条主线,即"生涯＋""科技＋"。通过这 2 条主线,明确学校校本课程的发展方向。

3 类课程形式,即学科类、实践类、主题类。通过这 3 类课程形式,保障国家课程高质量落地,促进校本课程多样化推进。

4 大课程群,即芯片与人工智能课程群、文化寻根课程群、生命自然课程群、运动健康课程群。通过这 4 大课程群,丰富校本特色课程体系,彰显学校特色。

值得一提的是,4 大课程群中的相关课程由相应教研组牵头或跨学科组建教师团队进行开发。每个课程群中的每个课程都有各自的内容体系,这些课程的设计有助于培养学生的学科核心素养,提高学生的研究性学习能力。例如,芯片与人工智能课程群由物理、数学、信息技术等学科的教研组、跨学科组建了教师团队,并已开设"'芯'情境中的高中物理""FPGA 集成电路(芯片)设计与仿真"等课程。在教学过程中,教师团队还设计了相关课题,助力学生进行研究性学习。又如,由语文教研组牵头的文化寻根课程群,开设了"读古诗,走古城""感受越地文化,走进人文绍兴""齐鲁文化"等课程,这些课程也是语文综合实践课程的一部分。

二、"双新"背景下的课程实施设计

相较于课程的建构,课程的实施是一个相对独立和更加重要的领域。学界对于课程实施的关注,主要源自对 20 世纪五六十年代美国实施的大规模的课程改革运动的反思。这种反思带给我们的启示是,要重视课程实施领域的研究。正如美国教育学家古德莱德所言,改革很多时候被视为失败,其实不然,因为它们从来就未得到实施。[①] 课程实施需要相应的价值导向,这种导向既源自课程本身的属性,也受教育改革发展整体趋势、规律、要求的影响。结合"双新"理念,位育中学对不同类型课程的整体实施路径进行了规划设计,力求打造契合"双新"改革精神的课程实施体系。

必修课程的实施。开齐开足国家规定的课程,严格执行国家课程方案,培养学生学科核心素养。依据各教研组制定的各学科教学指南高质量实施必修课程。

选择性必修课程的实施。给学生提供相应的学科指导、生涯指导,从而帮助学生确定选考科目和选择性必修的内容。在实际教学过程中,分层分类地开展选择性必修课程。

选修课程的实施。立足国家课程,通过学科类、实践类、主题类这3类课程形式实施选修课程,保障校本课程多样化开展。在开展选修课程的过程中,学校以生为本、因材施教,借助"4+N"实施形式,明确选修课程的定位,融通必修课程和选择性必修课程中的相关内容,帮助学生依据自身发展需求更好地自主选择课程。

"4+N"的"4"指4级课程图谱,"N"指N种课程标签。4级课程图谱分别是:第1级,惠及全体、夯实基础的通识课程;第2级,尊重兴趣、给予选择的选修课程;第3级,鼓励冒尖、支持拔尖的专项课程;第4级,线上课程。N种课程标签主要指绿色、人文、人工智能、探究、体验等。通过课程标签,分层分类地满足学生的个性化需求。下文展示了芯片与人工智能课程群4级课程图谱的具体层级。

第1级,在必修课程中,融通芯片科技教育。比如,将"数字逻辑芯片"

---

① 汪霞.课程实施:一个值得关注的问题[J].教育科学研究,2003(3):5-8.

融入通用技术学科课程,将"计算机传感器"融入信息技术学科课程,将"半导体材料"融入物理学科课程,并通过"中国艰'芯'路"等系列讲座进行通识教育。

第2级,开设"中学生识芯片""无线电技术与相关芯片应用""芯片与开源硬件""印上世界,柔性未来"等选修课程,供学生根据自己的兴趣和需要进行选择。

第3级,开设"FPGA集成电路(芯片)设计与仿真"专项课程。

第4级,开设线上"芯慕课",与线下芯片课程呼应和互补。

芯片与人工智能课程群中的课程同时也具有相应的标签属性。例如,"芯片与硬件创意搭建"课程具有人工智能的标签属性,可供有相关学习经历和兴趣的学生进行选择。

三、"双新"背景下的课程评价设计

评价是教育改革的重要一环,也是当前课程教学改革中广受关注的领域。课程评价是促进学生发展的重要引擎和保障,是课程改进、改革和创新的导向和动力。任何评价的展开都蕴藏着一条或明或暗的主线,这条主线及其所蕴含的评价理念、规则和方法共同组成了一套完整的评价体系。"双新"改革提供了新的课程教育与人才培养理念,对于学生评价、教学评价、课程评价等也提出了新的具体要求。特别是在评价人的发展维度上,注重将核心素养纳入评价体系是一个鲜明的变化。纳入核心素养的课程评价体系所蕴含的基本特征主要体现在其评价理念、规则和方法上:要求评价着眼于人的全面发展,着力于人的核心素养培育;要求消解二元对立的思维方式,彰显多元和合的思维品质;要求跨越传统评价文化藩篱,体现多元沟通、开放协商的精神姿态。① 基于这样的理

① 徐彬,刘志军.指向核心素养的课程评价探析[J].课程・教材・教法,2019,39(7):21-26.

解,位育中学也结合新时代教育评价的理念和"双新"改革的评价诉求,对不同类型的课程评价进行了整体性设计。

必修课程和选择性必修课程的评价。学校根据核心素养体系,参照各学科课程标准的要求,明确各阶段、各层次的学生,在学习各学科的内容后应达到的水平。教研组根据各学科的教学指南,制定"学生学业发展质量评价表";备课组通过评价表对学生的学习习惯、学习态度、学习水平、创新精神进行评价。借助安脉系统,制定数字化"考试双向细目表",通过细目表和阅卷系统,对学生每次的测试情况进行分析,助力学生学、教师教,从而提高学生的学习成绩,提升教师的教学质量。

选修课程的评价。学校根据课程与教学中心制定的《位育中学校本特色选修课程评价方案》,对选修课程进行课程评价,确保选修课程符合学校课程的发展方向,保障选修课程的质量。同时,从问题提出、方法创新、合作交流、评价反思四个维度,对学生学习选修课程的情况进行过程性评价和表现性评价。

第三节　对"双新"理念落实的项目式推进

20 世纪 90 年代以来,西方许多教育改革者认为,教育改革需要新的思维,需要重新定义教育,需要重建学校制度,他们将这种改革的理念和方式称为学校整体改革。[①] 学校整体改革首先意味着要以一种系统化的方式思考和设计学校的发展,同时这种整体改革也需要形成相应的抓手和载体。

教育是有力量的,尽管这种力量有时候难以通过量化的方式呈现。学校教育是有意识地作用于人的身心和谐发展的特殊社会活动,其本身就蕴含着一种

---

① 杨琼.美国学校整体改革评析[J].上海教育科研,2006(6):19-22.

教育性力量。教育力并不是一种单一的力量,而是多种要素综合作用的结果。近年来,随着教育改革发展范式的转型,如何着眼于立德树人的根本任务,通过学校教育力的整合促进师生成长、打造高质量教育体系,逐渐成为一个广受关注的问题。整合学校教育力,建构支撑师生共同成长的教育体系,是推动学校高质量发展的必然选择。那么,如何整合学校教育力呢?依托项目化的方式,整合资源,锚定目标,凝聚力量。基于这样的认识,位育中学没有采取"眉毛胡子一把抓"的方式,而是聚焦于"双新"改革所传递的核心理念,通过项目化的方式落实"双新"改革的要求,让"双新"改革真正走深走实。

一、立德树人:在课程方案的优化中完成学校的使命

立德树人是教育的根本任务。推进新时代中国特色社会主义事业发展,必须优先发展教育事业,做好立德树人工作,回答好对新时代立德树人"如何看""怎么办"两个层面的根本问题,培养担当民族复兴大任的时代新人。[①] 立德树人作为教育的根本任务,强调德育为先、以人为本。此次"双新"改革,一个显著的特点是重申了教育立德树人的根本任务。立德树人是一个完整的系统,需要渗透在学校教育的方方面面,而课程建设永远是教育立德树人根本任务最核心的支持。要落实立德树人根本任务,就必须通过课程方案的不断优化来实现学校教育的价值与使命。随着"双新"改革的持续推进,以下四个方面的课程建设的要求摆在了每一所学校面前:其一,以学生发展核心素养为指引提炼各学科的核心素养,也就是梳理各学科在培育学生核心素养方面可能和应该作出的贡献;其二,以学科核心素养为指引和依据来选择和重组学习内容,也就是解决"学什么"的问题;其三,设计并实施保证核心素养目标得以落实的教学过程和教学方法,也就是解决"怎么学"的问题;其四,设计并实施与核心素养培育的教

---

① 白显良,崔建西.新时代立德树人的价值定位、时代内涵与实践要旨[J].思想理论教育,2018(11):4-9.

学目标和方式相适应的评价标准和评价方法。① 这四个方面的要求既表明了学校围绕"双新"理念不断优化课程方案的现实必要性,也提供了重要的行动引领。在位育中学看来,制定并优化和学科核心素养培育相匹配的课程方案,是落实"双新"改革要求的首要任务和核心任务。基于这样的认识,位育中学借助参加上海市课程领导力项目的机会,通过"双新"背景下学科课程校本实施方案编制的实践研究项目,整体引领学校课程方案的优化,夯实"双新"改革的基础,为学校的可持续发展和品质提升提供核心支持。

二、芯片教育:在国家战略的落实中打造学校的特色

"双新"改革,表面上是对普通高中原有课程教学理念和模式的重构,其更本质的价值在于,通过普通高中教育改革提升普通高中教育质量,打造更高水平的普通高中立德树人体系,整体提升人才培养质量,以便更好地回答教育"培养什么人、怎样培养人、为谁培养人"的根本性问题。自正统的教育事业形成之日起,教育就被赋予了鲜明的时代属性和阶级属性。按照马克思主义的观点,哪个阶级在社会上占据统治地位,教育就必然要反映和维护该阶级的政治要求和阶级利益。② 这意味着,处于新时代的中国普通高中教育改革发展,也必然要服务于中国共产党治国理政,服务于民族复兴大业。习近平总书记多次强调,建设中国特色社会主义教育强国,必须以为党育人、为国育才为根本目标。③ 回归到具体的普通高中教育实践领域中,就是要通过打造高质量课程教学体系培养更优质的人才,主动对接国家战略需求,为建设教育强国和实现中国式现代化提供源源不断的智力支持。"双新"改革关注课程教学改革,一个重要的价值导向就是通过课程教学改革撬动育人方式改革,从而更好地提升人才

---

① 尹后庆.深入推进普通高中新课程体系建设[J].中国教育学刊,2020(8):1.
② 成有信.教育的职能和教育的阶级性[J].北京师范大学学报(社会科学版),1992(4):51-54.
③ 习近平.加快建设教育强国　为中华民族伟大复兴提供有力支撑[N].人民日报,2023-05-30(1).

培养的质量,更好地落实国家战略需求。按照"双新"改革的要求,位育中学在重视以国家课程内容的延伸为主旨开展校本课程建设的同时,优化学校课程体系,强化以学科教学方式改革为核心的校本课程建设,以进一步打造学校的课程教学特色,满足学生多元化的课程与教学诉求。基于这样的认知,位育中学借助学校原有的课程教学优势,着眼于科技人才、创新人才早期培养的现实需要,着力通过"芯片科技教育"校本课程开发与实施项目,打造特色化的校本课程群,有效拓展学校的课程资源体系,丰富学校的课程供给,同时通过特色化的课程建设更好地培育高质量科技人才、创新人才,坚守为党育人、为国育才的初心使命。

三、深度教研:在教学品质的提升中彰显学校的价值

"双新"改革呼唤课程、学科教学理念和方式的持续创新,其中所渗透的鲜明的新要求、新理念最终需要教师进行落实。这意味着,教师是"双新"改革最为重要的主体之一。"双新"改革是一种独特领域的改革,在当下这个社会,教育改革从一个重大的教育事件,逐渐变得日常化、潜在化、纵深化,由政府驱动的教育改革、以校为本的教育改革都在从不同的层面对教育现实进行着修正和调整。① 在这种改革的过程中,教师的具体参与意识、态度和能力是决定改革成败的重要因素。根据美国学者菲利浦·史克雷切蒂的研究,部分教师对教育改革的不认同或不适应,会导致他们在教育改革中扮演抵抗者甚至破坏者的角色。② 因此,要真正推动教育改革的落实,就要改变教师对于教育改革的认知与参与意识,消除教师对于教育改革的消极、抵触甚至破坏心理。在位育中学看来,"双新"改革生成了课程教学的新理念与新要求,必然也会打破教师原有

---

① 牛利华,邹萌.教育改革中的教师阻力:成因及教育应答——以中外已有研究为基点[J].外国教育研究,2010,37(10):18-21.
② 范雯芩.辩证分析高职院校校企合作式人才培养中的教师阻力[J].教育与职业,2014(5):24-25.

工作和发展的舒适区,教师对教育改革未必能够全部持肯定和积极的态度。从整体上看,教师能够认识到"双新"改革的价值,他们对"双新"改革的消极感受更多的是源自一种自身的"本领恐慌",源自对自身能否顺利建构起匹配"双新"要求的课程教学理念与技术的自我质疑。因此,只有真正帮助教师建构起符合"双新"理念和要求的素养,教师才能真正发自肺腑地认同并参与"双新"改革,"双新"理念的具体落实才能够真正达成。在促进教师专业发展的现有路径体系中,教研是较为常用且有效的方式。通过有效的教研,教师能够依托集体的力量更好地理解"双新"理念,更准确地践行"双新"要求,更快速地建构起与"双新"匹配的能力与素养。因此,学校认为,有必要通过学科教研体制与机制的重构,进一步提升校本教研的深度和有效性,以扎实有效的教研建构起教师适应"双新"的桥梁。

四、学科导师:在育人方式的转型中实现学校的追求

"双新"改革除了强调学科教学育人价值的回归之外,还特别强调教师育人理念与方式的转变。"双新"改革要求教师从"三全育人""大思政课"等角度形成充分的育德意识与育德能力,在做好传统的学科教学任务的同时,能够更充分地挖掘学科教育的综合育人意义,能够从学生全面发展和身心健康成长的维度开展工作和关照学生成长,这实际上呼唤了教师工作身份和角色的重构。通过导师制的制度设计与安排,唤醒教师的立德树人意识,构建引领、支持、保障学生全面发展的完整教育教学体系,逐渐成为"双新"改革以来各校的选择。从我国基础教育课程教学的实践样态看,导师制作为弥补学校教师指导学生功能缺失的一种全新的制度,逐步被一些普通高中接受。目前,导师制有两大类:一类是由部分老师参与指导部分学生的导师制,如学困生导师制;另一类是由全部老师参与指导全部学生的导师制,如完全导师制。从整体上看,"双新"改革以来,我国普通高中教育模式正面临全面转型,对教师的专业发展提出了更高

的要求。其中,通过对学科导师制的探索,引导教师提升专业发展素养、提高立德树人水平逐渐成为一种共性选择。[①]

在位育中学看来,导师制作为一种教育管理制度,其核心理念是让学生能得到个性化的指导和关怀。这种制度的价值与意义体现在多个方面:导师能够为学生提供更加个性化的教育,根据学生的实际情况合理安排学习任务,同时给予学习策略上的指导,从而帮助学生提高学习效率和成绩;导师不仅关注学生的学习成绩,还会关注学生的心理健康,提供心理辅导,帮助学生解决成长过程中遇到的问题;导师能够更好地和学生建立信任关系,让学生感到被尊重、被理解,从而更愿意和导师沟通自己的想法和问题;导师作为家校之间的桥梁,能够促进彼此之间的交流和合作,共同为学生的成长和发展提供支持;导师能够为学生的职业生涯规划提供指导,引导学生根据自己的兴趣和能力选择合适的发展方向;等等。基于这样的认识,位育中学把对导师制的探索作为推动"双新"政策落地见效、落实立德树人根本任务的又一个重要抓手,以期通过导师制的方式,提高学生的学习成绩,促进学生的全面发展。

---

① 黄斌.全员导师制下教师德育专业发展路径探新——基于普通高中课程改革的研究与思考[J].中小学德育,2018(2):56-58.

实　践

第三章 "国家课程的校本化实施"项目

相较于课程建设,课程实施是一个相对独立而又重要的领域。从课程研究与实践的整体演进看,课程实施在课程研究的初期并非一个独立的研究领域。在 20 世纪五六十年代的美国课程改革运动中,人们发现很多时候设计得再完美的课程方案,如果缺少有效的实施,那么也难以取得理想的成效。因此,在课程方案形成之后,进一步关注课程方案能否有效实施,成为近年来课程研究与实践的重要话题。对于"双新"改革而言,国家层面新的课程方案和课程标准的制定,形成了普通高中课程的整体框架和建构依据,如何在这种整体框架下结合学校实际情况,探索形成具有特色的校本课程体系,匹配有效的课程实施和评价方法,是普通高中落实"双新"改革要求的首要任务。

第一节 国家课程的校本化实施的理性思考

课程实施是现代课程论研究的主题之一,特别是在课程改革的过程中,课程实施往往是一个比课程建构本身更吸引人们关注的焦点问题。但从严格意义上讲,不同于课程研究当中的其他概念,课程实施由于其内在的复杂性而成为一个很难界定的术语。[①] 根据目前关于课程实施的文献,加拿大教

[①] 杨明全.课程实施的学理分析:内涵、本质与取向[J].全球教育展望,2001(1):35-38.

育改革专家富兰认为,课程实施是把某项改革付诸实践的过程,其焦点是实践当中发生改革的程度以及影响改革程度的那些因素。这一界定被认为是课程实施的经典定义。① 课程实施的本义是一个"做"(doing)的过程,它致力于改变学习者的个体认知、行为和态度,是一个创造性地执行课程方案和传递课程价值的互动过程。② 在这一过程当中,必然蕴含着课程实施者对于课程的独特理解和个性化建构。因此,课程实施并不是生搬硬套地落实已经形成的课程内容和课程方案,而是要在这种既定的文本化的课程基础上,融入个性化的思考和创造,形成课程实施的有效路径。从某种意义上讲,国家课程的校本化实施也是课程实施的一种独特样态,也应该遵循课程实施的一般原理和准则。

一、国家课程的校本化实施的理论认知

国家课程的校本化实施是课程实施在当前课程教学改革新阶段中衍生出的新命题,它提供了学校层面如何理解、建构和执行国家课程的整体框架。从概念上说,国家课程的校本化实施是在坚持国家课程改革纲要基本精神的前提下,学校根据自身性质、特点和条件,将国家层面上规划和设计的面向全国所有学生的书面的计划的学习经验转变为适合本校学生学习需求的实践的学习经验的创造性实践,包括教材的校本化处理、学校本位的课程整合、教学方法的综合运用和个性化加工及差异性的学生评价等多样化的行动策略。③ 简而言之,国家课程的校本化实施就是学校结合本校的实际情况、学生特点、教师资源和地方特色,对国家课程进行适当的调整、补充和整合,使之更符合学校和学生的具体情况,从而提高教育教学质量的过程。

---

① 江山野.简明国际教育百科全书·课程[M].北京:教育科学出版社,1991:156.
② 曹俊军.课程与教学论[M].西安:西安交通大学出版社,2018:158.
③ 徐玉珍.论国家课程的校本化实施[J].教育研究,2008(2):53-60.

虽然国家课程的校本化实施看似主要关注的是课程实施的环节,但是这一环节关涉的具体工作和任务是多方面的。比如:要对国家课程标准进行深入理解,把握其核心要求;要合理分析学校的教育资源、学生的实际情况和社会需求,确定学校对课程的具体需求;要根据需求分析的结果,设计符合学校特色的课程方案,可能包括新增、删减或调整课程内容;要充分整合利用教师资源、教学设施和社区资源等,为课程实施提供支持;要根据学生的反馈和学习进度灵活调整教学策略;要对课程实施效果进行评估,收集学生、家长和教师的反馈,不断优化课程内容和教学方法。同时也应该认识到,国家课程的校本化实施是一个持续的过程,需要不断地根据教育环境的变化和学生的成长需求进行调整。

国家课程的校本化实施具有两个方面的重要价值。一方面,从国家课程本身的角度看,国家课程的校本化实施有助于提升国家课程的实施成效,以一种更加符合学校实际的方式将国家课程的理念和要求真正落实到学校的课程教学和管理之中,将国家层面整体的育人准则、规范落地落实;另一方面,从学校的角度来看,课程改革的本质就是课程民主。[①] 国家课程的校本化实施的重心在于"校本化",这是在统一课程基础上让学校借助本土环境资源及学校发展需要而进行的差异化课程建设,可以使学生的素质培养更加全面,同时使学校形成自己的教育特色。[②] 国家课程的校本化实施能够充分彰显学校的课程主体地位,发挥师生的课程自觉性与主动性,在落实国家课程的同时,打造具有特色的学校课程体系,增强学校课程的辨识度,塑造学校独特的课程文化,进而通过课程领域的改革,整体提升学校的教学质量,满足学生多样化的学习需求。

---

① 张志勇.课程改革的本质就是课程民主[J].中国教育学刊,2014(5):1.
② 田茂,王凌皓.课程的校本化与学校文化传统[J].教育理论与实践,2018,38(19):61-64.

二、国家课程的校本化实施的行动原则

课程实施作为一个兼具理论价值和实践价值的命题,必然需要相应的理论建构作为行动支撑。施耐德、富兰等人将 20 世纪 70 年代之后研究者对课程实施的研究总结为三种基本的研究取向,即忠实的研究取向、相互适应的研究取向和创生的研究取向。[①] 进一步的研究和探索发现,坚持课程实施忠实取向的课程实施者往往倾向于以一种消极悲观的心态看待课程改革,不愿意采取创造性的课程教学改革行动;采取相互适应和创生取向的课程实施者对于课程改革则持一种较为开放的态度,更愿意把课程实施视作一种开放、互动和创造的过程。[②] 国家课程的校本化实施不是要建构一种新的课程实施原则和价值取向,而是要将忠实取向、相互适应取向和创生取向在课程实施的过程中加以融会贯通。

国家课程的校本化实施绝不排除课程实施的忠实取向,这种忠实取向主要体现在不折不扣地落实国家课程方案和课程标准的要求上。这意味着,推动国家课程的校本化实施,首先要关注国家层面课程的整体性要求,认真研读课程方案和课程标准的要求,开齐开足国家规定的课程,严格按照国家课程标准的要求开展基于标准的课程、教学和评价设计,确保国家层面的课程教学和人才培养要求在校本化实施的过程中得到贯彻落实,以更好地实现高中教育为党育人、为国育才的价值与使命。

同时,国家课程的校本化实施并不是对国家课程的生搬硬套,它需要关注学校的实际情况和师生的课程需求,要通过个性化的思考、设计和创新,寻求更加匹配学校实际的课程实施样态。国家课程的校本化实施需要关注三个方面的内容,即课程形态变革、学科统整和学科教学改革。其核心是要构建起以生活和问题为中心的教育模式和课程模式,必须以学生核心素养的培育、学生身心发展的特点

---

① 邱华国.校长责任:领导学校课程教学[M].北京:世界图书出版公司,2013:119.

② 吴音莹.高中语文选修课学生个性的实现[M].长沙:湖南师范大学出版社,2017:32 − 33.

以及学生学科学习兴趣的激发作为整体依据,必须注重学校课程体系的完善和内容的拓展,必须树立起清晰的核心素养导向的教学与评价观念。[①]

整体而言,国家课程的校本化实施的根本目的在于促进学生发展,这种发展以尊重学生的选择为前提,超越了知识范畴,既重视学生认知的发展,相应技能、综合实践和创新能力的培养,还强调学生的情感、价值观和真实的生活体验,对促进国家课程的高质量实施具有重要意义。[②] 同时,国家课程的校本化实施既能够落实国家课程规范和要求,也能够激发学校的课程改革动力,保障师生的课程教学主体地位,促进课程民主和教育民主,理应成为落实"双新"要求的过程中学校必须认真思考和探索的重要命题。

第二节 国家课程的校本化实施的项目设计

位育中学在落实"双新"要求的过程中所设计的"国家课程的校本化实施"项目,主要依托学校参与上海市第四轮课程领导力项目开展,选定的主攻方向是"双新"背景下学科课程校本实施方案编制的实践研究。从某种意义上说,学校课程是由办学理念、育人目标、课程资源、教育环境等构成的一个生态系统,需要校长、教师、专家、学生、家长和社区各方面力量的广泛参与,这种参与的基础是不同主体特别是学校、校长和教师的课程领导力。[③] 学校课程领导力是教育领导力中最贴合学校实际的领导力。[④] 通过文献梳理和行动研究,上海已经建构起涵盖课程思想力、课程设计力、课程执行力和课程评价力的学校课程领导力模型,并且持续开展了四轮学校课程领导力提升项

---

① 潘希武.国家课程校本化实施:整体依据与方向[J].教育学术月刊,2018(9):73-80.
② 庞君芳."五育融合"下国家课程校本化实施的实践探索[J].课程·教材·教法,2023,43(11):21-27.
③ 严必友.课程领导力是校长领导力的核心[J].江苏教育,2018(74):1.
④ 金京泽.简论学校课程领导力之上海模型[J].上海课程教学研究,2019(12):6-12.

目。借助参与该项目的契机,位育中学认为,通过学校层面的课程方案的优化,能够更好地落实"双新"和国家课程标准的要求,建构更具特色的指向学生全面发展的课程体系,在提升学校课程领导力水平的同时,推动学校整体发展进入新的高度。

一、"国家课程的校本化实施"项目的研究动因

"国家课程的校本化实施"项目的提出,以及将"双新"背景下学科课程校本实施方案编制的实践研究作为主攻方向,从整体上看,主要是基于以下四个层面的考虑。

首先,学科课程校本实施方案的编制是学校落实国家课程方案的重要保障。学校根据2020年教育部印发的《普通高中课程方案(2017年版2020年修订)》和2021年上海市教委印发的《上海市普通高中课程实施方案》的要求,在立足学校实际和发展需求的基础上,对标徐汇区构建卓越教育体系的要求,制定了学校课程实施的纲领性文件《位育中学课程实施规划》,并报区教育局备案。课程实施从学校规划到教学实践,还需要学校学科组层面对本学科的课程实施进行细化,学科课程校本实施方案在学校落实国家课程方案中起到了重要的承上启下的作用。

其次,学科课程校本实施方案的编制是学校实施学科课程标准的重要抓手。2020年修订的普通高中各学科课程标准均对学校实施课程标准提出了要求。例如《普通高中数学课程标准》中提出要加强学校课程建设、形成有效的课程管理机制、加强数学教师的专业发展和团队建设、开展有针对性的数学教研活动。编制学科课程校本实施方案的过程,就是教研组深入研究各学科的核心素养,关注各类课程的学科育人价值,确保开设的必修课程、选择性必修课程和选修课程均符合国家课程标准的要求,以期高品质实施国家课程的过程。学科课程校本实施方案也是学科教研活动和备课活动的重要依据。

再次,学科课程校本实施方案的编制是学校实现育人目标的重要途径。位育中学的育人目标是"培育人格健全,学业一流,自立自主,具有'正气、志气、骨气、锐气、静气、书卷气'的国家栋梁之材"。学校的育人目标可以通过学科课程校本实施方案的编制和各学科的课程实践予以体现、得到落实。学科课程校本实施方案的编制在依标依规的基础上还应体现学校的办学特色,将"六气"教育融入其中,凸显学科的育人价值。

最后,学科课程校本实施方案的编制是学校培养高素质教师队伍的重要举措。自 2019 年普通高中思想政治、语文、历史三科统编教材使用以来,教师在新课程、新教材的实践探索中已经积累了一定经验。学科课程校本实施方案的编制将进一步固化教师在"双新"实践中取得的经验,帮助教师更好地融合教育理论和实践能力,为校本研究搭建平台,为校本教研提供内容,为校本培训提供素材,帮助学校形成更加高效和专业的教师团队。

二、"国家课程的校本化实施"项目要解决的问题与价值

"国家课程的校本化实施"项目的研究和探索,基于鲜明的问题导向。在分析现状的基础上,结合国家课程方案和各学科课程标准、学校课程实施规划等文件的要求,位育中学各学科教研组制定了本学科的课程校本实施方案,分年段细化了本学科课程建设目标、课程结构、课程实施等方面的内容,通过对各年段必修、选择性必修、选修课程的整体单元教学规划,将学科核心素养的培育贯穿于教学活动的全过程。同时,强化保障课程有效实施的校本制度建设,对学科课程规划、教学实施与管理、教学评价、教学资源建设、师资队伍建设、教学设施建设等方面提出了具体要求。

从"国家课程的校本化实施"项目的价值与意义角度看,本项目的实施有助于"双新"实践在学校层面的进一步落实。在"双新"实践中,学校课程实施规划是学校层面在落实教育部《普通高中课程方案(2017 年版 2020 年修订)》过程

中的纲领性文件。在教研组层面,虽然尚未有相应的文本指导教师在教学过程中落实学科课程标准,但是各学科教研组近年来通过探索与实践,结合学校"六气"教育,已经形成了初步的经验。学科课程校本实施方案的编制有助于将已有的经验和成果固化、系统化,并将进一步检视学校各学科"双新"实践的落实情况。同时,本项目的实施有助于探索学科课程校本实施方案的编制策略。通过学科课程校本实施方案的编制,梳理学科课程校本实施方案编制的人员组织、工作流程、工作原则,确定学科课程校本实施方案的框架和内容,尝试通过实践的方式对学科课程校本实施方案的方向性、规范性、科学性和适切性进行评价。

三、"国家课程的校本化实施"项目的研究目标与内容

(一) 核心概念的界定

学科课程校本实施方案:各学科教研组根据国家课程方案、学科课程标准、省级课程实施方案、学校课程实施规划,立足本校办学理念,分析区域和学校资源条件,结合学生特点,规划课程实施体系,提出课程设置、建设、实施与评价的计划,做好组织、管理与保障工作。

学科:《普通高中课程方案(2017 年版 2020 年修订)》中指出,普通高中开设语文、数学、外语、思想政治、历史、地理、物理、化学、生物学、技术(含信息技术和通用技术)、艺术(或音乐、美术)、体育与健康科目和综合实践活动、劳动等国家课程,以及校本课程。根据学校实际情况,本项目研究中的学科为:语文、数学、英语、思想政治、历史、地理、物理、化学、生物学、技术(含信息技术和通用技术)、艺术、体育与健康。

(二) 研究目标的确定

一方面,进一步深化落实"双新"要求,通过本项目的研究,在学校的学科教

研组层面进行本学科的课程实施体系规划,提出课程设置、建设、实施与评价的计划,做好组织、管理与保障工作。

另一方面,培养教师课程建设、实施与评价能力是本次课程改革的重要任务,也是改革成功的关键。希望通过本项目的研究,可以提高位育中学教师规范贯彻执行新课程、新教材的意识和研究实践能力,进一步提升位育中学全体教师的专业发展水平。

(三) 研究内容的厘定

其一,如何通过学科课程校本实施方案的编制与使用,忠实落实国家课程。学科课程校本实施方案编制的目的是忠实落实国家课程方案和课程标准,以确保国家育人目标的实现,培养社会主义事业的接班人。学校课程整体规划是学科课程校本实施方案在学校层面的引领,学校课程整体规划和学科课程校本实施方案都是在国家课程方案和课程标准的框架下编制的,主要解决校本实施的细化问题,重点在于校本课程及其资源的建设。

其二,学科课程校本实施方案的编制流程与策略。各学科教研组通过政策与理论学习、现状分析、发展规划,梳理学科课程校本实施方案的编制基础;学校通过组织专家指导与教师培训,为学科课程校本实施方案的编制提供保障;学校项目组在调研的基础上,拟定初步的模板与框架;各学科教研组通过实践研究的方式完成编制,在编制后应用到教学实践中,并根据实践中的反馈意见进行调整修订。

其三,学科课程校本实施方案的框架与内容。学科课程校本实施方案包括背景依据(国家要求、发展需求、学校追求)、培养目标与基本理念、校本课程设置与建设、校本资源建设、课程结构、课程实施、课程评价、组织管理与保障等几个方面。分年段细化本学科的课程建设及实施目标、课程结构、校本课程开发等内容,通过对各年段必修、选择性必修、选修课程的整体单元教学规划,将学科核心素养的培育贯穿于教学活动的全过程。同时,强化保障课程有效实施的校本制度建设,从学科课程规划、教学实施与管理、教学评价、教学资源建设、师资队伍建设、教学设施建设等方面提出具体要求。

其四,学科课程校本实施方案的评价与改进。在制定学科课程校本实施方案的过程中,要注意规范性、操作性、引领性、系统性、适切性的统一。实施方案要忠实执行国家课程方案和学科课程标准的要求,同时对标学校发展特色,凸显育人价值,从育人目标出发,审视校本特色课程的系统化建设,重视教育数字化在教学转型中的作用。在学科课程校本实施方案初步制定完成后,通过专家评审、调查问卷、座谈访谈、教研活动观察、课堂教学观察等方式,对实施方案的文本、使用效果、知晓度和认可度等方面进行评价,提出修订建议,进一步提高学科课程校本实施方案的质量。

四、"国家课程的校本化实施"项目的研究思路与方法

(一)研究思路

在编制学科课程校本实施方案前,各教研组在学校的指示下开展本学科发展现状分析,对本学科的已有基础、师资情况、学情特点、学生需求、资源建设、组内氛围、学科发展方向、困难制约等方面进行客观分析。通过 SWOT 分析法,分别从优势、劣势、机遇、挑战等方面分析教研组内部和外部的有利因素与不利因素,打好学科课程校本实施方案的基础。

在现状分析的基础上,结合国家各学科课程方案的要求和学校课程整体规划的发展目标,各教研组细化本学科的课程建设和实施目标、课程资源发展规划、校本课程群开发规划等,并通过对各年段必修、选择性必修、选修课程的整体单元教学规划将学科课程校本实施方案落实到课堂教学中。

在学科课程校本实施方案初步制定完成后,通过专家评审、调查问卷、座谈访谈、教研活动观察、课堂教学观察等方式,对实施方案的文本、使用效果、知晓

度和认可度等方面进行评价,提出修订建议,进一步提高学科课程校本实施方案的质量。

（二）主要研究方法

文献研究法:通过中国知网(CNKI)、中国人民大学复印报刊资料库、EBSCO 等中外文数据库,围绕"课程实施""课程标准""校本实施""学科育人""新课程、新教材""教学改革"等主题,查找与学科课程校本实施方案编制相关的重要文献与政策文本,以对"双新"背景下学科课程校本实施方案编制相关的概念、理论和已有成果进行梳理。

行动研究法:通过螺旋式上升的调查、学习、编制、应用、反馈、修订等环节,一方面提高学科课程校本实施方案的编制质量,另一方面用学科课程校本实施方案指导教研组建设、促进教师队伍发展。

调查法:在学科课程校本实施方案编制前,通过访谈、问卷等方式了解学科带头人和骨干教师的课程领导力,进一步梳理学校已有成果,为学科课程校本实施方案的编制做好准备。在编制完成后,通过访谈、问卷等方式了解教师对学科课程校本实施方案的知晓度、认可度以及对使用效果等方面的反馈,为方案的评价、修订提供依据。

五、"国家课程的校本化实施"项目的创新与预期成果

"国家课程的校本化实施"项目研究的主要创新点体现在以下几个方面。

其一,以学科课程校本实施方案的编制促进教师发展,促进育人方式改革。学校教师在参与编制学科课程校本实施方案的过程中,能够从课程角度审视教育教学活动,通过理论学习、组内交流、行动研究、文案撰写等途径,进一步理解国家课程方案和学科课程标准,进一步梳理学情和学校特色的本质内涵,这有助于学科教师遵循学科教育规律,改变教学方式,提升专业素养。同时,学科课

程校本实施方案为学校深度教学的实施提供了在课程建设、课程实施、课程资源等方面的支持和保障,有利于学校育人方式的改革。

其二,形成学科课程校本实施方案的框架结构和编制策略。学科课程校本实施方案是学校课程实施规划在学科方面的细化,也是国家课程标准在学校具体实施的蓝图。通过学科课程校本实施方案的编制,梳理学科课程校本实施方案编制的人员组织、工作流程、工作原则,确定学科课程校本实施方案的框架和内容。

其三,探索学科课程校本实施方案的评价指标。学科课程校本实施方案的规范性、操作性、引领性、系统性、适切性决定了方案的使用效果。对学科课程校本实施方案进行评价要确定评价主体、评价对象、评价原则、评价指标等,这也是本项目研究的难点。实施方案要忠实执行国家课程方案和学科课程标准的要求,同时对标学校发展特色,凸显育人价值,从育人目标出发,审视校本特色课程的系统化建设,重视教育数字化在教学转型中的作用。在学科课程校本实施方案初步制定完成后,通过专家评审、调查问卷、座谈访谈、教研活动观察、课堂教学观察等方式,对实施方案的文本、使用效果、知晓度和认可度等方面进行评价,提出修订建议,进一步提高学科课程校本实施方案的质量。

"国家课程的校本化实施"项目的预期成果包括:学校的课程方案、课程规划等文本;各学科落实"双新"理念的教学改革案例;项目整体结题报告;等等。本项目的研究体系如表3-1所示。

表3-1 "国家课程的校本化实施"项目研究体系表

总任务	子任务	研究流程	预期成果
项目准备	设计项目方案	调研→研究文献→形成方案	完成开题报告、文献综述
	组建课题组		
	开展文献研究		
	进行现状分析		

（续表）

总任务	子任务	研究流程	预期成果
项目实施	项目组对学科的校本实施方案的框架进行研究,形成框架模板	研究模板→形成初稿→应用评价→修订提高	形成课程方案、课程规划、应用与评价案例
	各学科开展子项目研究,初步形成本学科的校本实施方案		
	对校本实施方案开展应用评价		
	对校本实施方案进行修订		
项目成果总结与推广	撰写结题报告	撰写结题报告→开展结题活动→辐射推广	完成结题报告,形成相关论文和案例
	开展结题活动		
	成果在集团内和区域内推广		

第三节　国家课程的校本化实施的实践成果

国家课程方案给优化学校课程体系提供了蓝本。实施国家课程不仅要开齐开足国家课程,而且要让学校课程体系生动、鲜活起来,呈现学校的特色,这是国家课程校本化实施的题中之义。[①] 在这个过程中,学校应该特别关注以下三个方面的问题:其一,要有清晰的规划意识,运用学校发展规划的思维方式,结合"双新"要求,立足学校实际情况,对学校的课程建设与实施进行合理规划;其二,要有课程优化的意识,积极建构既符合国家相关政策和要求规定,又符合

---

① 吕立杰.实施国家课程方案 优化学校课程体系[J].课程・教材・教法,2022,42(9):59-61.

学校特色和师生需求的课程方案;其三,要着力进行课程实施与评价的改革,特别是要顺应"双新"改革的需要,充分认识到课程改革所强调的对学科核心素养的关注,通过学科课程的学习,培养学科核心素养已成为当前课程实施新的目标指向,要引导教师结合学科教学实践,探索核心素养导向的课程实施与评价方式。[①] 基于这样的理解,位育中学在"国家课程的校本化实施"项目中,着重围绕以下三个维度进行探索并取得了相应的实践成果。

一、形成清晰合理的学校课程规划

学校是课程发展之所,是教师、学生与课程方案进行对话、互动的理想场域。学校课程规划,就是学校作为主体,从学校的实际情况出发,有效落实国家和地方的各项课程政策的重要措施。[②] 英国课程专家凯利认为,学校应该从整体上规划其课程。学校所提供的课程和学生个体所接受的课程都不应是各门独立的学科的集合。基于对课程规划内涵、价值的理解,位育中学结合"双新"理念,整体上对学校未来的课程建设进行了规划设计,明确了学校的课程理念、课程内容、课程实施与课程评价体系,从课程建构的角度对"双新"理念进行了落实。

(一) 课程指导思想和背景分析

1. 指导思想

以习近平新时代中国特色社会主义思想为指导,深入贯彻党的十九大精神,落实全国教育大会及市、区教育大会精神,全面贯彻党的教育方针,落实立德树人根本任务,发展素质教育,推进教育公平,以社会主义核心价值观统领课

---

① 吕立杰,韩继伟,张晓娟.学科核心素养培养:课程实施的价值诉求[J].课程・教材・教法,2017,37(9):18-23.

② 周文叶,崔允漷,刘丽丽,宋一丹.学校课程规划方案质量的实证研究——基于 Z 市初中学校课程规划方案的文本分析[J].全球教育展望,2016,45(9):53-61.

程改革,以凝聚人心、完善人格、开发人力、培育人才、造福人民为工作目标,着力提升本校课程的思想性、科学性、时代性、系统性、指导性,推动本校人才培养模式的改革创新,培养德智体美劳全面发展,具有较高人文素养、创新素养和研究能力的社会主义建设者和接班人。

2. 背景分析

多年来,位育中学秉承"双自主发展"的核心办学理念,在国家课程校本化和校本课程特色化方面进行了大量实践。同时,学校拥有一支高学历、高水平的教师队伍。截至 2023 年底,博士研究生占比为 3.7%,硕士研究生占比为 28.9%;有中高级职称的教师占比为 72.7%。近年来,位育中学积极应对新高考和"双新"改革,积累了许多有效的经验。学校在硬件设施、校外资源和集团化办学等方面具有一定的优势,这为不断提升课程的实施质量奠定了良好的基础。

学校课程的实施以师生的"自觉""自主"为前提。"自觉"包括对社会和时代发展趋势的自觉,对各行业和各学科发展趋势的自觉,对个体自身的特点及意愿的自觉等。"自主"即引领学生树立自主发展意识,开展自主发展实践,提高自主发展能力,体验自主发展成果。在"自觉""自主"的前提下,学校的课程呈现出"依标、应时、多样、多维"的特点。

为了更好地对接新课程的实施,我校目前正对参与历次课程改革的实践成果进行系统性梳理,以确保课程改革的连续性。同时,及时发现并解决改革过程中存在的问题,有针对性地进行调整完善,在继承中前行,在改革中完善,确保新的课程体系务实、高效、充满活力。

(二)基本原则和学生发展目标

1. 学校课程设置的基本原则

坚持正确的政治导向。课程规划和实施都要坚持党的领导,坚持社会主义办学方向,充分反映习近平新时代中国特色社会主义思想,有机融入坚持和发展中国特色社会主义、培育和践行社会主义核心价值观的基本内容和要求,发展社会主义先进文化,弘扬革命文化,传承中华优秀传统文化,加强法治意识、国家安全、民族团结、生态文明等方面的教育,使学生坚定中国特色社会主义道路自信、理论自信、制度自信、文化自信,引导学生形成正确的世界观、人生观、价值观。

对接时代的现实要求。课程规划和实施都要反映先进的教育思想和理念,关注信息化环境下的教学改革,关注学生个性化、多样化的学习和发展需求,促进人才培养模式的转变,着力发展学生的核心素养。要根据经济社会发展新变化、科学技术进步新成果,及时更新教学内容和话语体系,以丰富全面的课程建设,培养学生的必备品格和关键能力,激发课堂教学生命力,提高学校教学质量,提升学校发展的核心竞争力。

选用科学的实施方法。遵循教育教学规律和学生身心发展规律,选用科学的实施方法,力求贴近学生的思想、学习和生活实际,充分满足学生的成长需要,促进每个学生主动地、生动活泼地发展。在课程实施中加强调查研究和测试论证,广泛听取专家和教师的意见,求真务实,严谨认真,确保课程内容科学、表述规范,使课程建设服务于个体在德智体美劳等方面全面发展的需求。

形成完善的课程体系。学校课程将落实高中多样化、特色化发展的要求,持续深化"双自主发展"的办学理念,发展素质教育,体现研究型高中的办学特点,努力构建具有中国特色、体现国际发展趋势和上海发展特点的充满活力的优质完善的课程体系,培育学生的核心素养,帮助学生为适应社会生活、高等教育和职业发展做好准备,为学生的终身发展奠定基础。

2. 学校课程实施的学生发展目标

位育中学课程实施的学生发展目标是培养德智体美劳全面发展,具有较高人文素养、创新素养和研究能力的社会主义建设者和接班人。在课程实施过程中,学校会在坚定理想信念、厚植爱国主义情怀、加强品德修养、增长知识见识、培养奋斗精神和增强综合素质上下功夫。主要体现在以下三个方面。

其一,理想信念和社会责任意识方面。在学校课程的设置和实施过程中,注重培养学生形成正确的世界观、人生观和价值观,教育和引导学生热爱祖国、热爱中国共产党,树立起维护民族团结、捍卫国家主权、尊严和利益的意识,以及为中国特色社会主义、人民幸福、民族振兴和社会进步作贡献的远大志向。通过德育类课程的实施,发展社会主义先进文化,弘扬革命文化,传承中华优秀传统文化,增强学生的文化自信,提升学生的法治意识、道德观念和劳动观念,让学生自觉履行公民义务、正确行使公民权利、积极维护社会的公平和正义。通过综合实践类课程的实施,培养学生尊重自然、保护环境的生态文明意识,热心公益、志愿服务的奉献精神,以及敢于担当、勇于实践的奋斗精神。

其二,文化素养和终身学习能力方面。通过课程实施,培养学生掌握能够适应时代发展需要的基础知识和基本技能,丰富人生阅历,发展理性思维,不断提升人文素养和科学素养;培养学生敢于质疑、善于反思的特质,使学生具有较强的创新精神和实践能力;激发学生在学习领域的好奇心和浓厚的学习兴趣;鼓励学生自主学习、独立思考,形成良好的学习习惯和适合自身的学习方法;指导学生掌握获取、判断和处理信息的基本方法,从而具备信息化时代的学习与发展能力;引导学生形成正确的自我认知、较强的终身学习和职业生涯规划能力。

其三,全面发展和沟通合作能力方面。在课程实施中强化体育、美育、劳育、心理健康等相关内容,强化全面发展理念。倡导学生掌握体育技能,坚持锻炼身体,保持强健体魄;激发学生的艺术才能,让学生具有健康的审美情趣和发现、鉴赏、创造美的能力;培养学生独立生活的能力和热爱劳动的品格,使学生具备较强的社会适应能力;培育学生自尊、自信、自爱的自我认识,形成珍爱生命、坚韧乐观、奋发向上的心理品质和积极健康的行为习惯与生活方式;培养学生文明礼貌、诚信友善、尊重他人、交流合作以及与他人和谐相处的能力,使学生具有团队精神和一定的组织活动能力,使学生具备全球化时代所需要的交往能力、开放意识和国际视野。

（三）学校课程的基本设置

1. 学制与课时

位育中学的学制为 3 年制。每学年 52 周,其中教学时间 40 周(包括新授课时间 36 周、复习考试及重大活动时间 4 周);社会实践 1 周;假期 11 周(包括寒暑假、节假日等)。每周约 38 课时,每课时按常规课 40 分钟 1 节、长课 95 分钟 1 节计算,周课时总时长大约为 1575 分钟。单门学科每满 18 课时给予 1 学分。

2. 课程的类别

位育中学的课程由必修、选择性必修、选修三类课程构成。其中,必修、选择性必修为国家课程,选修为校本课程。

必修课程,由国家和本市教育行政部门根据学生全面发展的需要设置,所有学生必须全部修习。

选择性必修课程,由国家和本市教育行政部门根据学生个性发展和升学考试的需要设置。我校学生必须在本类课程规定范围内选择相关科目进行修习,以满足毕业及升学的学分要求。

选修课程,根据本校学生的多样化需求和国家、本市、本区社会、经济、文化发展的需要,按照学科课程标准的建议以及本校办学特色等开发设置,学生可自主选择修习。

3. 科目与学分

位育中学开设语文、数学、英语、思想政治、历史、地理、物理、化学、生物学、技术(含信息技术和通用技术)、艺术(或音乐、美术)、体育与健康科目和综合实践活动、劳动等国家课程,以及各类校本课程。位育中学各学科学分分布情况如表 3-2 所示。

表3-2 位育中学各学科学分分布情况

科目		必修学分	选择性必修学分	选修学分
语文		8	6	0~6
数学		8	6	0~6
英语		6	8	0~6
思想政治		6	0~6	0~4
历史		4	0~6	0~4
地理		4	0~6	0~4
物理		6	0~6	0~4
化学		4	0~6	0~4
生物学		4	0~6	0~4
技术(含信息技术和通用技术)		6	0~18	0~4
艺术(或音乐、美术)		6	0~18	0~4
体育与健康		12	0~18	0~4
综合实践活动	研究性学习	6		
	党团活动、军训、社会考察等	2		
劳动	志愿服务和统筹内容	2+4		
合计		88	≥42	≥14

说明:校本课程不少于14学分。其中,在必修和选择性必修基础上设计的学科拓展、提高、整合性课程之外的课程不少于8学分。开设研究型、跨学科和专题教育等课程,充分体现学校的办学理念和课程特色。

4. 科目的安排

科目内容根据学科自身特点和学生学习需求进行设计。必修内容原则上按学期或学年设计;选择性必修和选修内容原则上按模块设计,模块之间既相对独立,又体现学科内在逻辑,模块教学时间根据实际需要设定,一般为18课时的倍数。

综合实践活动共8学分,包括研究性学习、党团活动、军训、社会考察等,其中研究性学习6学分(完成2个课题研究或项目设计,以开展跨学科研究为主)。劳动共 6 学分,其中志愿服务 2 学分(在课外时间进行,三年不少于 40 小时),其余 4 学分内容与通用技术的选择性必修内容和校本课程内容统筹安排。

5. 学分与毕业

学生完成相应课程规定课时的学习并考试(考核)合格,即可获得相应学分。学生毕业学分最低要求为 144 学分,其中必修课程 88 学分,选择性必修课程不少于 42 学分,选修课程不少于 14 学分。

(四)课程内容确定的原则

位育中学确定课程内容遵循如下基本原则。

思想性。坚持辩证唯物主义和历史唯物主义,加强中国特色社会主义教育,充分反映习近平新时代中国特色社会主义思想,全面落实社会主义核心价值观的基本内容和要求,提升道德修养,有机融入社会主义先进文化、革命文化、中华优秀传统文化、法治意识、国家安全、民族团结、生态文明等方面的教育,充分体现中国特色。

时代性。充分反映马克思主义中国化最新成果、当代社会进步、科技发展和学科发展前沿,充分体现先进的教育思想和教育理念,紧密联系学生生活经验,及时更新教学内容。学校课程中包含紧密对接时代的前沿课程,如"芯片科技教育"校本课程等。

基础性。面向全体学生,根据学生发展核心素养,精选学生终身发展必备的基础知识和基本技能,打牢学生成长的共同基础。注重培养学生的学习兴趣、学习能力和探索精神,注重培养学生分析问题、解决问题的能力,合理控制学生的课业负担。

选择性。根据国家人才培养的需要,在保证每个学生达到共同基本要求的前提下,充分考虑学生不同的发展需求,结合学科特点,遵循学习规律,分层分类设计可供选择的课程,满足学生不同的学习需求,促进学生发展。

研究性。学校课程注重培育学生的创新素养和实践能力,提供学生对各类问题进行深入研究和思考的方法和平台,培养学生的科学精神和思辨能力。

关联性。注重学科内容选择、活动设计与核心素养培育的有机联系,关注学科间的联系与整合,增强课程内容与社会生活、高等教育和职业发展的内在联系。

(五) 学校课程的整体框架

以国家课程方案中必修课程、选择性必修课程和选修课程三类课程为主干,按照横向分类和纵向布局的思路,位育中学初步构建了本校的课程体系。

1. 横向分类

其一,必修课程。必修课程是学校课程建设中最基础、最核心的内容,必修课程包括学科基础课程和综合实践课程。在必修课程的实施过程中,要注重提升国家课程的校本化实践水平。

多年来,位育中学以学科教学指南、学科教学手册的编撰和修订作为国家课程校本化建设的有力抓手,通过编撰和一年一度的集中修订,发现问题、完善资料、积累经验。本校教师在必修课程的教学过程中,认真研读国家课程标准,按照"双新"改革的要求,结合学校的发展目标和学生的实际情况进行研究、实践和反思,不断对教学目标、内容和方法进行调整和改进,国家课程的校本化实施水平和教师队伍的专业水平有了很大提升,教学质量和育人目标的落实有了保证。本校教师按照国家课程方案的要求,结合位育中学"双自主发展"的办学理念,融合"五育",注重课程的内涵建设,不断打造高质量课程体系。

学校在必修课程实施的过程中,同时关注综合实践活动课程和劳动课程的实施。综合实践活动课程中的研究性学习由课程与教学中心负责组织和实施,学生均需修习课题研究课程。学生可以根据自己的兴趣爱好、学科专长选择不同类型的课题进行研究,在研究的过程中带教导师会给予一定的指导,以提升学生自主研究的能力。综合实践活动课程中的党团活动、军训、社会考察由学生发展中心负责组织和实施,其中社会考察可结合跨学科研究性学习开展。劳动课程中的志愿服务部分由学生发展中心负责组织和实施,其余4学分内容与通用技术的选择性必修内容和校本课程内容统筹安排。

其二,选择性必修课程。根据学校实际情况,位育中学的选择性必修课程实施通过三种形式开展:一是语文、数学、英语等学科,必修课程与选择性必修课程打通实施;二是思想政治、历史、地理、物理、化学、生物学等学科,选择性必修课程主要依据学生等级考选科情况,在高二、高三年级实施;三是技术、艺术、体育与健康等课程,根据学校特色和区域教学建议实施。

其三,选修课程。位育中学的选修课程面向全体学生,课程内容丰富,学生可以自主选择,旨在促进学生核心素养的有效提升。学生可以根据学习兴趣和发展需求,选择选修课程中的社团活动课程、学科讲座课程和其他各类校本课程。部分学有余力、学有专长的学生可以通过双向选择的方式修习难度较高的学校荣誉课程和"芯片科技教育"系列课程。

2. 纵向布局

位育中学根据本校学生的发展特点,按照全面发展、"五育并举"的要求,统筹组织高中三年各个学段的课程教学内容,从而实现合理、科学的纵向课程布局。

高一年级的课程设置注重习惯培养和基础夯实。重点是让学生快速适应高中教学的节奏和方法,夯实高中第一年的学习基础,培养良好的高中学习习惯。此阶段学校会指导学生提高在各门课程上自主学习的能力,帮助学生掌握正确的学习方法,循序渐进地进行各门课程的学习。

高二年级的课程设置注重学科发展和课题实践。不断深化课程学习的内容,提高学习的强度。结合选科分班等工作,让学生对选择性必修课程有较为全面的了解,提高学生学科学习兴趣,逐步形成各自的优势学科。同时,通过选修课程、研学活动及综合性实践活动给予学生课题研究方法的初步指导,让学生掌握一定的课题研究能力。

高三年级的课程设置注重学科深化和生涯导航。通过相关课程的学习,进一步培育学生的学科核心素养,深化学科学习内容,对接高校对学生学习的要求。同时,结合学生对高校的选择,继续强化学生生涯规划工作。此外,加强课题指导,提升学生的创新实践能力和自主研究能力,为学生今后在高校的学习打下扎实的基础。

位育中学的课程体系如图 3-1 所示。

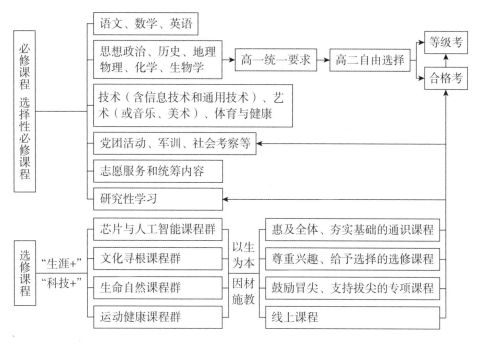

图 3-1 位育中学课程体系图

(六) 课程设置的主要特点

课程是学校发展的核心竞争力,"双新"改革对课程的基础性、时代性、创新性、综合性、多样性和可选择性提出了新的要求。位育中学在按要求开齐开足高中各类课程的基础上,结合学校课程特色发展的需求,努力构建"依标、应时、多样、多维"为主要特点的课程体系,助力学校的全方位发展。

1. 依标

位育中学在仔细研究国家课程标准和课程方案的基础上,按照上海市课程计划的相关要求,结合学校教学工作实际,制定本校的课程实施规划。通过各层级的校本研修,引导位育教师深入研究各学科的核心素养,关注各类课程的学科育人价值,确保开设的必修课程、选择性必修课程和选修课程均符合国家课程标准的要求。

2. 应时

学校课程建设要应时而变、与时俱进。位育中学在推进新课程建设的过程中,融入了更多时代元素。

一是结合新高考的相关要求,在必修课程和选择性必修课程中进行科学、动态的调整,突出时代特征。在教授学科知识、培养学科能力的同时,融入更多顺应时代需求、鲜活生动的课程学习内容和课程学习手段,从而提升基础类课程的学习品质。

二是在选修课程的建设中,突出校本化特色。例如,结合我校承接的区级重点项目"生涯发展导师制",通过开设特色的生涯发展课程,增强高中生生涯规划的意识与能力,丰富对接时代的课程体验,促进学生的健康成长与终身发展。

3. 多样

多样化的校本课程能促进学生的个性化学习和自主发展。位育中学增加了校外的研学类课程,提供给学生更多自主研究、自主实践的机会,在课程的多样化、丰富性上实现了进一步的提升。同时学校初定在"十四五"末期,实现选修课程和讲座课程"两个一百"的建设目标。

一是开设一百门选修课程,让每个学生都能参与到自己感兴趣的课程学习中,除了重点推进的生涯发展和芯片科技教育类课程外,还将在生物医药、文化创意等方面拓展课程内容。在一百门选修课程中遴选出二十门左右的精品课程,作为学校常态化开设的特色选修课。

二是开设一百场讲座课程。从前沿科技、政治经济、文化体验、心理健康、生涯指导等方面邀请高等院校、科研院所、知名企业的专家学者和本校有特长的教师开设专题讲座,拓宽学生的视野,挖掘学生的潜力。

4. 多维

按照国家、市、区对普通高中育人方式改革的要求,深度把握学校课程实施的多维途径。将课程实施与课堂教学、学科建设、社团活动、校园节日、研学考察、校园文化等途径相融合,在实践中对每条途径的基本概念、主要目标、实施方案、评价方法进行提炼完善。

(七)课程实施的具体举措

1. 系统学习新课程方案

通过分层分级的系统学习,促使本校教师明确各自学科的育人价值、核心素养和培养目标,明确本学科的教学内容和学业质量要求。

2. 全面开展"双新"培训实践

全面开展新课程、新教材的培训实践,创新教学方式,充分反映课程性质和理念,在培训和实践过程中促进教与学方式的转变。

3. 合理制定课程实施规划

依据国家课程设置的要求,结合本校办学目标、学生特点和实际条件,制定满足本校学生发展需要的课程实施规划。开齐开足国家规定的各类课程,包括各类综合实践活动课程。充分挖掘课程资源,开发、开设丰富多彩的选修课程。因地制宜,科学安排综合实践活动,发挥综合实践活动在促进学生发展中的独特作用。

4. 加强学生发展指导工作

按照区教育局的相关部署,位育中学将学生发展指导项目作为推动学校育人方式改革的重要抓手,在课程实施方面主要从以下两个角度切入。

一是学校初步建立了学生发展指导制度。学生发展指导采用专职规划师和学科教师兼职相结合的方式,组建专门队伍,加强对学生的理想、心理、学业、生活、生涯规划等方面的指导,开展多种形式的指导活动,帮助学生树立坚定的社会主义理想信念,正确地认识自我,从而更好地适应高中阶段的学习与生活,处理好兴趣特长、潜能倾向与社会需求的关系,选择合适的发展方向,提高生涯规划能力和自主发展能力。

二是学校初步建立了选课指导制度。学校编写了课程说明和选课指南提供给学生和家长,安排班主任或导师与学生建立相对固定的联系,指导学生选课,帮助学生形成个性化的课程修习方案,引导家长正确对待和帮助学生选课。

5. 大力推进教学改革实践

深入理解普通高中课程改革的要求,准确把握课程标准和教材,围绕核心素养开展教学与评价。关注学生学习过程,创设与生活关联的、任务导向型的真实情境,促进学生自主、合作、探究地学习,注重对学生学习过程的评价,推进信息技术在教学中的合理应用,提高课程实施水平。

健全以校为本的教学研究制度,建立平等互助的教学研究共同体,倡导自我反思与同伴合作,营造民主、开放、共享的教学研究文化,鼓励和支持教师进行教学方式改革的探索,形成独特的教学风格和特色。

完善教学管理制度,创新教学组织形式和运行机制。科学安排每学年授课科目,特别是要控制好高一年级必修课程的并开数量。合理安排教学进度,严格控制周课时总量。探索建立行政班和教学班并存等多种教学组织形式。做好教师调度、班级编排、学生管理等工作,为走班教学的实施提供保障。

6. 充分开发和利用课程资源

统筹各方力量,挖掘各类课程资源,不断提升学校课程的广度和深度,培育学校课程特色,创设课程实施的良好条件和环境。通过与高校、科研院所、企事业单位的深度合作,发挥集团化办学的优势,大力开发课程实施所需的资源,为学生提供丰富、便利的实践体验机会。系统规划校内外课程资源的使用,提高课程资源的有效性和利用率。

7. 改革衔接和分步推进计划

《上海市普通高中课程实施方案》于 2021 年正式出台,高一结合"双新"改革可同步实施,高二、高三难以做到一次性同步推进。鉴于此,我校采用稳步实施、有序推进的工作策略,用三年时间分年级逐步完成学校课程实施与国家、本市课程方案的对接。

(八) 课程评价体系的建设

1. 课程质量评价

每学期通过资料收取、学业质量监测、学生调查问卷、满意度测评、学生座谈会等形式,了解课程实施的情况,建立并逐步完善选修课程的准入和退出机制。

进一步规范考试制度,完善校内考试的相关实施办法。所有校内考试均应以国家课程标准和课程方案、国家和本市相关教学文件以及本校课程方案为依据。考试命题应紧密联系社会实际与学生生活经验,强调对综合运用知识分析并解决实际问题能力的考查。考试内容应有利于学生核心素养的发展,力争做到教考一致。

2. 学生修习评价

对学生修习课程的情况进行综合评价,评价过程中应注重采用过程性评价和发展性评价的方式。学分认定会综合考虑学生实际修习的课时、学习表现,以及学生的学习是否达到课程标准或相关文件规定的要求,进行科学、客观的评价。

学校会不断完善学生综合素质评价制度和学生综合素质评价实施方案,确保学生综合素质评价档案的完整性、科学性、客观性和有效性。教师应指导学生客观地记录成长过程,充分利用写实记录材料,对学生成长过程进行科学分析,加强对学生成长的指导。

（九）课程管理和保障措施

学校课程方案的实施是一个系统性工程,学校各部门需要统筹协调,形成合力,完善学校课程建设的管理措施和方法,为课程的实施提供有力的保障。

1. 加强学校课程管理

在课程实施的过程中,我校建立了课程与教学中心,形成了学校→课程与教学中心→教研组→备课组层级管理的推进式课程实施组织架构。

学校课程与教学中心全面负责学校课程的整体设计和管理,结合学校课程实施计划,在梳理学校原有课程与教学管理制度的基础上,结合"双新"改革的要求,完善学校课程实施的各项基本制度。同时,稳步推进学校课程评价体系的建设,对课程实施情况进行全面、科学的评价,提高课程实施的水平。

不断完善学校课程实施计划和每学年的课程计划,确保课程实施按照课程计划的要求进行,做好课程实施的整体时间管理。

2. 加强教师队伍建设

根据本校课程实施的需要,配齐配足各学科教师,特别是要满足选课走班教学、学生发展指导等方面的师资需求。支持学校聘用具有专业特长的兼职教师。

在课程实施的同时,推进人事制度改革,完善教师工作量核定办法,改进教师职称提升、岗位晋升和奖惩机制,充分调动全体教师实施课程的积极性和创造性。

加强与学校课程实施相契合的教师培训与研修工作。通过多个层面对课程实施进行深度研修,提升教师的课程意识,提高教师实施课程的水平,探索与国家课程、校本课程推进相匹配的教师专业发展新模式,建立和完善教师专业发展保障机制。

3. 加强教学设施建设

根据学校课程的实施需求,积极改善教学环境与教学条件。选用适配教学发展需求的信息化教学设备,配齐专用教室和有助于学校高水平发展的创新实验室,加快各类场馆的新建和修缮工作,逐步推进现代化图文信息中心的建设,创设良好的课程实施环境,做好课程实施的各项后勤保障。

4. 加强各类经费保障

根据课程实施的需要,合理核定经费投入标准,建立有助于课程实施的稳定的经费保障机制,满足课程开发、教学研究、设施设备配置、资源建设、教师培训与研修以及开展综合实践活动等必要的经费需求。

二、研究制定校本课程实施方案

国家课程的校本化实施,除了要不折不扣地执行国家课程之外,还需要注重校本课程的特色建设。校本课程作为一种重要的课程类型,是由学校自主开发的、能够体现学校办学思想和特色的、可供学生选择的课程。[1] 对于普通高中教育而言,校本课程的开发不仅是个性化落实国家课程的内在要求,也是普通高中实现多样化、特色化发展的内生点。[2] 通过校本课程的开发,优化学校课程结构,重建学校课程文化,塑造学校课程特色,促进学校整体改进,是国家课程的校本化实施中高中教育关注的重要问题。基于这样的认识,位育中学在通过课程规划整体建构学校课程体系的同时,也注重对校本课程的实施方案进行整体设计,力求打造具有学校特色的课程体系,为学生核心素养的培育提供支持。

---

[1] 何勇平,范蔚.校本课程的特色与学校更新[J].教育情报参考,2007(1):37-38.

[2] 段兆兵,付梅.校本课程开发:普通高中多样化发展的内生点[J].河北师范大学学报(教育科学版),2012,14(12):47-51.

（一）校本课程的建设原则

校本课程是实现育人目标的有效路径。由于学校和教师在校本课程中有较大的自主性，因此建设好校本课程对学校自身的发展和育人目标的实现具有特殊意义。位育中学的校本课程遵循以下几个建设原则。

第一，有清晰的价值取向。

第二，有多元的主体观照。

第三，有丰富的内容设计。

第四，有科学的学习方式。

第五，有合理的评价体系。

（二）校本课程的设置理念

位育中学的校本课程符合以下设置理念：

首先，落实教育立德树人的根本任务。坚持立德树人，聚焦核心素养，以促进学生全面发展和健康成长为出发点和落脚点。

其次，体现学校优良的办学理念。坚持"位正育卓 自主发展"的办学理念，以及"培育人格健全，学业一流，自立自主，具有'正气、志气、骨气、锐气、静气、书卷气'的国家栋梁之材"的育人目标。

最后，践行学生全面发展的办学内涵。坚持"道德与知识共同提高，科学精神与人文素养相互补充，能力与身体同步增长，追求人的和谐发展的境界"的办学内涵。

（三）校本课程的课程体系

位育中学基于上述校本课程建设原则和设置理念，结合学校的办学特色，构建了"234"校本特色课程体系。

1. 2 条主线

"生涯＋"主线：这条主线旨在为学生提供与职业生涯相关的教育和技能培训，包括职业规划、职场技能发展和实践经验的课程。

"科技＋"主线：这条主线注重培养学生在科技、工程和创新领域的知识和技能，引导学生探索最新的科技趋势、技术应用和创新方法。

2. 3 类课程形式

主题类课程：这些课程关注特定的主题，例如职业发展策略、人工智能伦理、环境可持续性等。主题类课程侧重提供理论性的学习。

实践类课程：这些课程提供给学生实际操作的机会和实践经验，例如实习、实验、项目、工程等。学生可以在实际情境中应用他们所学到的知识和技能。

学科类课程：这些课程融合了学科教育和主线的元素，例如，芯片与人工智能的学科课程可以结合职业发展和实际应用，使学生更好地理解学科的实际应用价值。

3. 4 大课程群

芯片与人工智能课程群：这个课程群包含与芯片技术和人工智能领域相关的所有课程，涵盖了主题类、实践类和学科类课程。

文化寻根课程群：这个课程群包含文化和传统的主题类课程，以帮助学生更好地理解和尊重我国的文化根源，也可以包括实践类和学科类课程。

生命自然课程群：这个课程群包含生物学、环境学、自然资源管理等领域的课程，以及与"科技＋"主线相关的实践类课程。

运动健康课程群：这个课程群包含与体育、健康、运动科学相关的课程，以提高学生的身体素质和运动技能。

（四）校本课程的课时投入和总体安排

坚持将必修课程和选择性必修课程的渗透性拓展和学生自主性拓展相结合。

高一、高二自主性校本课程每周 2 课时,可合为一个教学单位时间,也可分作两个教学单位时间。

在校本课时段上还可根据因材施教的原则和多重目标的要求,有计划地做好尖子生培养和查漏补缺工作。

学校将不断创造条件使学生在校本课程修习中具有更多的选择性。

(五) 校本课程的实施准备

开学初,学校提出校本课程建设的具体要求,组织学习研讨并形成共识。随后,建立专家指导小组,相关专家由学校根据工作进度要求在校内外特聘。专家指导小组负责对具体课程和项目进行指导、审定。期中考试以前,以备课组(教研组)为单位,收齐《校本课程建设规划书》,并形成各个备课组(教研组)的重点建设项目。

在上述基础上,每位教师根据规划书的安排做好校本课程建设的准备工作。对重点建设项目采取项目负责人制,由骨干教师领衔,带团、带队、带项目,进行重点开发。

每年 6—8 月,对校本课程的建设特别是重点建设项目进行评估和完善;9 月启动学年校本课程的实施工作。

(六) 校本课程的日常管理

校本课程的建设和实施是课程改革背景下每位教师常规的教学任务之一,因而也是教师专业发展和教师考核的主要内容。

校本课程的建设、实施和评价的日常管理职能部门是课程与教学中心。专家指导小组和备课组(教研组)对课程的构建负学科专业性指导责任,年级组、班主任对课程的具体实施负教务性支持责任。

校本课程的学期学业评价采用过程性与终结性评价相结合的原则,具体方式由教师在规划书中确认并在第一节课上告知学生。评价的结果统一用优秀、合格、不合格进行表述,优秀比例为 30%,不合格比例一般不超过 5%。

校本课程的选课一般通过校园网或安脉平台进行。一般情况下如果选课者少于 15 人,那么该课程不开课。

三、推动素养导向的教学教研改革

核心素养是"双新"改革突出强调的概念,这种强调又通过不同学科课程标准中"学科核心素养"的概念进行细化。学科核心素养和核心素养有一定联系,也存在一些区别。核心素养是指在多个领域具备的基本能力、知识和技能,是一种综合性的素养体系,涵盖了认知、情感、社会等多个方面,旨在培养个体在不同情境下能够全面发展和应对复杂问题的能力,强调的是全面教育和综合发展,超越了单一学科的范畴,注重培养学生的综合素养和跨学科学习能力。学科核心素养是针对特定学科领域中的知识和技能的要求和培养目标,强调在特定学科领域内的全面发展和能力培养,包括对学科知识的掌握、方法论与技能、学科跨越性能力、问题解决与批判性思维、创造性应用、学科沟通能力以及持续学习与发展能力。两者之间的关系在于,学科核心素养是核心素养的具体表现之一,强调在特定学科领域内培养学生的基本素养和能力,同时也是核心素养理念下的一部分,而核心素养则更为广泛,跨越多个领域,强调了更全面的教育目标。

国家课程的校本化实施,关键是课程的实施要落实到具体的学科教学改革上,特别是要通过教学的整体设计,引导教师主动探索并适应"双新"改革,打造指向学生核心素养培育的新型课堂,以真正推动育人方式的转型、发挥学科教学的育人作用。因此,在"国家课程的校本化实施"项目的推进中,学校特别通过教研活动的专题设计、学科教学的主动探索等,着力打造适应"双新"改革和指向核心素养培育的新型课堂。

下面这篇文章集中体现了我校是如何通过集体教研活动,引导教师思考与设计匹配"双新"改革的课程教学行为的。(略有改动)

善思·深研·自主·创享
——教研组如何推进"双新"落地

位育中学作为上海市首批实验性示范性高中之一、上海市教师专业发展优秀学校,历来高度重视积极向上的校内教研文化建设。一直以来,学校的办学理念是"位正育卓 自主发展"。"位正育卓"是位育中学办学的自我定位和价值追求,"自主发展"是位育中学传承至今的办学理念。学校教师专业发展的目标与学校"自主发展"的核心办学理念一脉相承,"自主发展"不仅指向学生的发展,也力求促进教师的专业发展。没有教师的发展,学生的发展就成了无源之水、无本之木。因此,位育教师在专业上的自主发展是一个自主学习、自我完善、自我超越的过程。在"双新"改革和教师专业化的大背景下,学习、研究、实践与反思是构成位育中学教师自主发展的核心要素。

"双新"改革背景下,如何落实教育立德树人的根本任务,如何培养学生的综合素养和创新思维,如何将学科素养与课程教学融合,是摆在一线教师面前的一大挑战。学校"双新"落地工作能否顺利推进,关键是看教研组和备课组的建设能否落地。因此,位育中学在推进"双新"落地的工作中,把建设高质量教研组作为重要抓手,针对在改革过程中容易出现的"旧瓶装新酒""穿新鞋走老路"、传统教学观难改变、"双新"难落地等问题进行了重点研究。首先要解决教研组建设中先进文化引领和智慧场景建设的问题,应重点思考以下三个方面的问题:第一,教研团队文化引领的先进性如何体现? 第二,教研氛围和场景建设的科学性如何体现? 第三,教研成效影响的方向性如何确定?

一、文化导引,路径导行

位育中学在推进"双新"落地的工作中,把"善思、深研、自主、创享"作为教研工作的核心目标。"善思"体现教研特点和促进学生思维发展的导向;"深研"体现有合作、有深度的教研氛围和追求教师团队专业化的发展目标;"自主"源自学校"双自主发展"的办学理念;"创享"体现教师引领学生自主发展、师生相互成就的价值追求,同时也体现了有创造力、乐于分享、尽享教学之乐、不断追求高品质教学的教研生态。

(一) 文化导引:打造"人文化、智慧化、生态化"的教学教研环境

教研组的建设离不开先进文化和前沿理论的引领。我校以"善思、深研、自主、创享"为目标指引,立足校本资源,打造人文化、智慧化、生态化的教学教研环境。

一是厚植人文化环境,促进师生成长。努力打造有学术引领、校本特色、主题导航并且充满人性关怀的教学教研环境。例如,语文教研组筹划读书节,通过师生共读推动校园文化环境的建设。又如,物理教研组借助学科优势联合多门相关学科,共同参与"芯片科技教育"特色校本课程的建设。

二是厚植智慧化环境,促进教研提升。人的发展是师生创造的"源动力"。因此,需要努力打造智慧化的教育教学环境,力促教研组活力涌现,以激发、培育师生智慧。例如,物理教研组首先尝试使用极课系统分析学生的作业数据、测试数据,用数字化手段推动物理教学和物理教研,既提高了教学的精准度和效率,也为"双新"改革提供了教研实例依据。在物理教研组的带动下,生物学、地理教研组也较早地大规模地使用了极课系统。在使用过程中,生物学、地理教研组根据教学的实际情况,在使用方式和策略上不断进行调整,已经形成了组内极课系统使用规范。

三是厚植生态化环境,促进专业发展。我们努力建设活跃的、积极的、富有挑战性的教研生态场,以激发教师个体和团队的发展创造力。例如,地理教研组借助区学科基地建设,以"大概念统摄下的高中地理单元教学设计与实践"项目研究为抓手,落实学科本体知识,优化课堂教学,并在校内开展该主题教研活动,部分教师发表主题相关论文多篇,两位教师在区级教研活动中进行了主题

展示交流。又如,语文教研组、物理教研组参与了上海市教委教研室的"指向核心素养培育的新教研"项目,利用深度教研研究成果和教研工具开展教研活动,营造专业的教研氛围。

人文化、智慧化、生态化教学教研环境的打造,为师生发展发挥了激发、导向、滋养作用。

(二)路径导行:立梁架柱,创建核心三要素

1. 目标创建

教研组发展目标:秉承学校"双自主发展"的理念,培育"善思、深研、自主、创享"的教研特质,构建优质校本课程体系,培养一流专业教师,实现一流教学成效。

教师发展目标:依据教师不同成长层级设定阶段性目标。在"学科育人、协同育人、文化育人"的教研氛围中,学校提出了分层次的整体目标,即"入门教师合格化、合格教师骨干化、骨干教师名师化",通过多层次、全方位、立体化的校本研修实践,实现教师阶梯式"对标成长"。

2. 团队创建

研培结合,加强教研组梯队建设。学校注重各个教研组,特别是大组的梯队培养。就高中而言,一个优秀的教研组,应该是由一位学术水平出众、在组内具有威信的教研组长,加上三四位踏实肯干、积极进取的备课组长,再加上若干骨干教师组成的。位育中学在组长人选的挑选过程中,既考虑教师的学术造诣和资历,又尽一切可能鼓励优秀的年轻教师担任组长,特别是备课组长。在"双新"改革推进的过程中,学校选拔了一批教学方式受上海高考"3+1"传统模式影响较少的年轻教师担任备课组长。通过让年轻教师挑重担,可以使其在教学教研过程中发挥积极作用,突破过去以知识点为主的教学思维,将教学重点落到学生核心素养的培育上。

同时,建立引领型专家团队,促进本校教师团队与专家团队深度对接,融合本校教师优质实践力和专家高质引领力。学校建立了校内外联动机制,定期邀

请各学科的专家指导主题教研活动,分析各学科教研组的"症结"所在。通过专家对学科"双新"改革工作的高水平指导和提供的与高考相关的精准数据,让教研组了解学科教学中存在的具有普遍性的实际问题并加以重视和调整。在语文、数学、物理等学科中开展的这类与专家面对面的主题教研活动,大大提升了组内教师对本学科"双新"改革的理论认识和实践感知。以"双新"改革实验校示范校为载体,学校通过参与和举办"双新"教研展示和公开课展示,提升教师专业水平。

(三)制度建设

位育中学在基本建设、教师专业发展、教学质量管理三个方面建立了管理制度:在基本建设方面,我校制定了《位育中学教研组考核标准和要求》《位育中学星级教研组评选方案》《位育中学教研组(备课组)教研活动基本规范》《位育中学教研组长(备课组长)职责》等制度;在教师专业发展方面,我校制定了《位育中学入职初期教师培养方案》《位育中学教师带教方案》《位育中学骨干教师培养方案》等制度;在教学质量管理方面,我校制定了《位育中学学科指南编制要求》《位育中学学科测试双向细目表编制要求》《位育中学线上教学质量保障方案》《位育中学学生学科学习水平评价方案》《位育中学作业公示》等制度。这些制度能保障相关目标有效落实,每项制度均设置了评价细则与反馈表,以期利用制度引导教研组高标准建设、教师和教学高质量发展。

同时,教研组根据本学科的教学特点制定了一系列的组内制度和规范。例如,语文教研组制定了《位育中学语文学科作文评阅规范》,数学教研组制定了《位育中学数学教研组作业管理细则》,英语教研组制定了《位育中学英语听说能力评价标准》,等等。

二、育人为根,立德为魂,提质增能

教研组建设的根本是"育人为根,立德为魂",赋能师生成长,提升成长质量。

（一）"三课"联动，实现课程育人

"双新"改革背景下的课堂应该把"育人"功能放在首位，"完善德智体美劳培养体系，健全立德树人落实机制"在"双新"改革过程中一直处于纲领性和指导性地位。要培育具有核心素养、富有创造力的学生，就需要促进教师在学习力、实践力、研究力、创生力等方面提质增能，而这离不开课程、课题、课堂"三课"联动。

1."双新"改革背景下学校课程的分类设计

（此处略。相关内容请参见本书第二章第二节"对'双新'教学的分类设计"。）

2."真问题"牵引问题研究

基于"真问题"，教研组形成了"向课堂找问题→聚焦问题→形成课题"的"问题研讨式"课题研究思路。例如，生物学教研组成功申报了徐汇区中小学学科基地，并将研究重点确定为"基于'双新'的位育中学生物学'三实'课程研究"，其中"三实"指基于课堂实践、研究经典案例、提升教学实效。根据该研究重点的总体引领，组内教师通过"真问题"，将课程研究进行分层、细化。通过这些"真问题"，申报并领衔了多项区级研究项目，包括"高中生命科学中问题设计基本原则探究""基于生物学学科核心素养的情境教学与作业设计研究""新课程、新教材背景下聚焦大概念的教学策略研究""指向生命观念形成和发展的高中生物学单元学习活动设计的实践研究"等项目。

3.减负提质，深耕课堂

教研组研修不能是空谈，通过聚焦"双新"课堂，将组内的教研活动围绕真实课堂中面对的难点展开，让组内所有成员学有所得、学以致用，从而提升教研组研究活动的实效性，提升"双新"课堂的质量。

教研组借助学科训练平台、极课系统、安脉系统提示学生课堂训练、作业批改和教学反馈的情况，在此过程中搜集学生的错题信息，并将相关信息分享到整个教研组，以提升课堂教学质量。

定期开展各学科教研组视察指导工作。校外专家和学校资深教师通过课堂听课、研读教师的备课笔记等方式全面了解课堂教学情况。后续由课程与教学中心进行细致分析,发现并指出问题,向相关教师、备课组、教研组反馈,同时要求各教研组在充分消化的基础上写出整改和反馈报告。

(二)重视教师发展,实现协同育人

为彰显新时代教师角色的内涵与特征,学校在教研组的建设中不断拓展教师专业成长路径,深化协同育人。

基于岗位的发展。教师的发展离不开岗位的支撑,合适而有挑战性的岗位能够激发教师的潜能,培育教师的创造力。教研组应尽可能地为教师创造合适而有挑战性的岗位,既有常态的教学岗位,又有跨学科、竞赛、管理等岗位供教师选择。例如,为提高我校数学竞赛成绩,课程与教学中心和数学教研组一起研讨,引入了数学竞赛辅导新机制,配合新机制将有能力的竞赛辅导年级教师转变为竞赛辅导工作专项负责人,这个简单的转变给教师提供了更多的机会,同时激发了教师的内生式发展动力。得益于这项新机制,在2022年全国高中数学联赛中,我校楼宸同学获得了一等奖,这是近年来我校在数学竞赛成绩方面取得的重大突破。

基于实践研究的发展。为努力克服教师发展过程中实践与研究脱节的问题,教研组创设了各种路径把二者有机结合起来。例如,每年开展教科研成果评比活动、教学类案例撰写和评比活动,强调个人经验的总结和提炼,再通过组内交流、区内交流、全市交流、专家评议等各种方式,促使教师在组织帮助与专业引领下自主成长。

基于个体特长的发展。只有立足教师个体禀赋,教师才能在教研组共性发展的基础上走出个性成长之路。学校为星级教研组创建搭设了三个工作坊——高质量作业设计工作坊、教学"真问题"工作坊、综合实践课程工作坊,打破了年级壁垒和学科界限,教师可以按兴趣和特长自主参加。

基于创新的发展。结合作业设计、教师备课、课堂教学方法与内容等方面的创新,推动课堂教学改革创新,实现教师教学质的飞跃。在"集体备课制度"
"语文大单元整体教学及作业设计""核心素养专项能力评价"等方面进行创新
实践,以"分享教学"改变传统课堂模式,以"大单元"整合传统教学材料,创新教
学方式。例如:语文教研组通过开展情境任务设计、单元整体规划等活动落实
新课程理念,通过"用好新教材、构建新范式——高中语文统编教材单元教学的
设计与实施"主题教研活动推进"双新"实践;数学教研组通过参与上海市教委
教研室主办的"探索数学建模活动的教学"系列活动,改变传统课堂,创新教学
模式,进行"双新"实践;物理教研组利用深度教研项目,借助深度教研工具研究
教材、分析学情、剖析课堂。

基于团队的发展。教研组根据教师发展状况与水平进行动态分层管理,突
出组织帮扶的针对性、适宜性、有效性。开展分层结对活动,促进师徒互动成
长。建立校长抓名优教师、名优教师带骨干教师、骨干教师带年轻教师的发展
链。从提升教学素养入手,教研组创建各级名师工作室、教师发展中心等平台,
引导教师明确教育理想,形成教学特色。

基于评价的发展。发挥评价与目标的导向激励功能,建立科学合理的教师
评价机制和明确的发展层级目标,帮助教师对标发展。例如,通过"新教师亮相
课""青年教师赛课""骨干教师示范课""深度教研""学科基地建设"等途径,提
升不同层次教师的专业发展水平。

(三) 助力学生发展,实现多维育人

活动育人,开发潜能。学校将依托各教研组开发"生涯+"系列课程。

评价育人,内生力量。打破"唯分数论"的结果性评价,教研组引进过程
性评价,聚焦增值性评价,分年级开发综合素养评价。评价量表由学习诚信、
学习兴趣、学习习惯、学习能力、学习成效五部分组成,各部分都有相应的等
级标准。

生态育人,和谐生长。根据未来课堂的特征,教研组通过"分享式教学",打
造高效互动的学习环境和和谐的师生关系,最大化地促进学生学习。在自由平

等的课堂环境中,师生相互启发、相互转化、共同协作、共生共享。学生不仅获得了知识,学习能力稳步提升,而且养成了乐于分享、善于合作的良好品质,展现了良好的问题解决、方法创新、合作交流、评价反思等综合能力。

除了这种通过教研活动的整体设计之外,学校还鼓励各学科教研组根据学科实际情况,通过课堂教学设计、作业设计、评价改革、项目化学习等方式,积极探索适应学科特点的核心素养导向的教学、评价之道,形成了兼具学校特色和区域影响力的"双新"改革成果。

2021年9月,教育部专家莅临我校开展"双新"调研活动,我校语文教研组陶霞老师和颜敏玉老师分别在高一和高二开设了一节公开课。陶霞老师带领学生学习了《普通高中教科书 语文 必修 上册》第三单元第九课的《声声慢》与《念奴娇·赤壁怀古》。她将必修上册第一单元与第三单元的学习内容和方法进行了联系和贯通,并结合学校正在举办的读书节活动为第三单元设计了单元学习任务和具体的学习情境,让同学们为读书节设计一张诗词明信片。在学习《声声慢》时,陶老师先让学生反复诵读,揣摩词人细腻的情感变化,再聚焦明信片的配图选择,在比较配图的过程中引导学生关注词的意象与意境,从中感受作者的情感,并将这种方法迁移运用到《念奴娇·赤壁怀古》的学习中。以任务为核心,突出真实情境,是这堂课的亮点所在。

颜敏玉老师带来的是《普通高中教科书 语文 选择性必修 上册》第二单元的《〈论语〉十二章》第三课时。在师生一同总结了前两个课时的学习内容,明确了学习目标,确定了"筛选归纳、内引外联"的学习方法后,颜老师引导学生就"君子"这一核心概念开展了小组研习活动。颜老师从学生提出的问题出发,提供了丰富的课外研习素材,要求学生以小组为单位,围绕具体的问题展开讨论,每组各由一名同学根据讨论记录进行总结发言,其他成员进行补充,最后归纳出《论语》中"君子"形象的特征。颜老师从具体学情出发,充分调动了同学们的学习热情,提供了切实可行的学习支持,满足了高二学生进行语文研究性学习的需要。

自统编版普通高中语文教材使用以来,语文教学面临着方方面面的挑战。两位老师在充分了解学情的基础上,设计了单元整体教学方案,开拓了教学思路,落实了"双新"要求,向各位莅临指导的专家展现了位育师生的风采,为语文教研组今后的教学提供了优秀的范本,也在很大程度上展现了学校各学科教学围绕"双新"开展的研究探索成果。

第四章　"芯片科技教育"校本课程开发项目

　　学校的课程建设,既是学校基于自身实际对于课程的个性化理解与设计,也是学校坚守为党育人、为国育才的重要载体,这意味着课程的建设与实施,既应该具有学校层面的校本性价值,也应该具有国家层面的社会性、民族性价值。科技自立自强是国家强盛之基、安全之要。党的二十大报告对加快实施创新驱动发展战略作出了重要部署,要求"加快实现高水平科技自立自强"。习近平总书记多次强调,我国面临的很多"卡脖子"技术问题,根子是基础理论研究跟不上,源头和底层的东西没有搞清楚。这就要求我们要弄通"卡脖子"技术问题的基础理论和技术原理,要将基础理论创新和技术创新有机结合起来。在我国经济社会发展面临的诸多"卡脖子"技术问题中,芯片科技是近年来颇受关注的问题。如何通过有效的课程建设,以芯片科技教育为抓手,探索创新人才的早期有效培养工作,这是位育中学在建构特色化校本课程体系的过程中一直在思考的问题。学校借助"芯片科技教育"校本课程开发项目走出了一条指向学生创新素养培育的学校特色课程建构之路,也让学校的课程建设更好地回应了国家战略需求。

第一节 "芯片科技教育"校本课程开发的理性思考

随着我国课程改革的深入,学校层面的课程开发问题已经逐渐走入实践环节,成为各所学校普遍采取的课程建构之道。当前,我国大多数地区的中小学校都进行了不同程度的校本课程开发,大部分教师、教学行政人员等都对校本课程开发持一种积极的态度。他们认为,校本课程开发有利于学习者的全面发展及个性成长,可以促进学习者的兴趣爱好发展,拓宽学习者的知识面。① 需要注意的是,校本课程开发不是一项随意的活动,其背后有着一定的理性认知与思考,也需要遵循一定的原则、规范和要求。美国课程论专家施瓦布认为,课程开发不能远离课程实践,要从教育的具体情境出发,对各类现实需求、兴趣、问题和可能性进行全面探讨,要对课程建构所面临的实践环境进行分析。②

2020 年 12 月 5 日,澎湃新闻发布了一篇题为《强强联手! 位育中学携中科院开启科创"芯"路》的新闻报道,全文如下。(略有改动)

"创新是引领发展的第一动力,是建设现代化经济体系的战略支撑。"党的十九大报告明确提出,要加快建设创新型国家。科技创新人才的培养刻不容缓,芯片人才的培育更是迫在眉睫。

12 月 4 日,位育中学和中国科学院上海微系统与信息技术研究所、藤荟教科,共同启动了位育中学"芯片科技教育"项目,以期通过将芯苗的栽培与高中生的职业规划相结合能够"弯道超车",为国家和社会培养更多的创新型人才。此举在上海尚属首创。

---

① 崔允漷,等.我国校本课程开发现状调研报告[J].全球教育展望,2002,31(5):6-11.
② 陈林,胡海建.施瓦布实践取向课程理论对中国校本课程开发的启示[J].成都师范学院学报,2019,35(9):28-33.

一次中心组成员的参观学习,让位育中学校长王亦群萌生了在学校进行芯片科技教育的想法。"在中国科学院上海微系统与信息技术研究所芯片创新实验基地,我们第一次亲眼见识并亲手触摸了神秘的芯片制作原料——硅锭,第一次知道在芯片的大家族里有 AI 芯、激光芯、超导芯、存储芯、生物芯、传感芯、硅光芯、物联芯等各种芯片。"这次参观学习让王亦群至今记忆犹新。

有了这个想法,王亦群与各位专家一起对位育中学是否具备建设芯片实验室和开发芯片创新课程的能力进行了可行性分析。分析结果表明,位育中学在该项目的建设上可谓占尽了天时、地利、人和。尤其是 2019 年以来,徐汇区围绕打造上海建设国家人工智能高地新地标和核心区的目标,抓住并放大 2018 世界人工智能大会溢出效应,在人工智能领域的知晓度和影响力持续提升。

位育中学地处人工智能产业高地和机场联络线重要站点华泾区域,离位育中学不到两公里的地区将建造北杨人工智能小镇,此处将成为徐汇区未来高端科技创新的源头供给。

依托全球高校集成电路的学术联盟和产学研的深度合作,位育中学抢占芯片科技教育发展和青少年人才培养的制高点,可谓顺势而为、因势而新。随后,位育中学成为上海首家实施芯片科技教育体系的中学,与中国科学院强强联手共同培育国家未来科技的"顶梁柱"。

启动仪式上,中国科学院上海微系统与信息技术研究所的研究员接过聘书,他们将与位育中学挑选出的优秀学科带头教师一起,共同组建全国第一支中学芯片科技教育导师团队。

未来的三年,位育中学将联手中国科学院上海微系统与信息技术研究所、上海交通大学等国内较早从事集成电路、生物芯片、硅光芯片研究的科研机构、高校和具备芯片全产业链布局的藤荟教科为学校打造一整套芯片科技教育的实施方案,包括实验室的建设、配套设施和设备的完善、课件的制作及相关项目的孵化和培育。同时,顺应国家战略性科创方向的转变,在科普性教育的基础上,发展更具体的相关技术人才教育和培养体系,结合高考评价体系改革的新要求,从芯片理论基础、芯片材料认知、芯片设计、芯片制备、芯片封装、芯片测试、芯片创新应用等层面培养具有综合发展能力的中学生,为学生今后升入高等院校进行更专业具体的研究性学习打下扎实的基础,也希望"芯"动位育项目能够为学生打造一片属于他们的芯片科创天地。

上述报道集中体现了我校进行芯片科技教育的初衷。在这样的初衷的基础上,我校更加看重的是"芯片科技教育"校本课程的科学、规范化开发。普通高中特色课程具备独特性、优质性、选择性、多样性和稳定性等特征,具有三方面的核心指标:一是课程门类和种类一定要多样;二是课程一定要有不同层次和不同倾向;三是课程一定要有不同的开设顺序和进度,不能完全齐步走。[1] 基于这样的整体认识,我们按照课程开发的一般原理,基于对"芯片科技教育"校本课程的理性审视,厘清这一特色课程开发的背景、价值与逻辑,为实践领域的建构提供认知基础。

一、"芯片科技教育"校本课程的开发背景

随着芯片产业成为国家先导性、基础性、战略性产业,大力培养芯片人才成为日益迫切的需求。在高校成立集成电路一级学科的背景下,普通高中建设芯片科技教育创新实验室,并依托实验室开设芯片科技教育相关课程,具有重要的意义和价值。

在"十四五"规划的背景下,结合我国现阶段进行芯片科技教育的重要性和紧迫性,根据上海市"双新"改革的要求,我校率先在高中阶段开设了"芯片科技教育"校本课程,配置了相关教学和实验设备,开展了研究性学习活动。"芯片科技教育"校本课程以芯片技术为教学载体,以培养创新型人才为教学目标,在教学过程中重视方法论的教授。我校希望通过"芯片科技教育"校本课程,激发

---

[1] 石鸥.普通高中特色课程开发研究[J].中国教育学刊,2012(12):1-5.

学生探索未知世界的兴趣,拓宽学生的知识面,挖掘学生的潜能,培养学生的创新思维。

从整体上看,任何层面的教育改革都不是孤立的,都必然要与社会的改革保持积极而良好的互动。课程教学改革也需要在与经济社会发展和教育改革的多维关系中追寻其合理性与必要性。"芯片科技教育"校本课程的开设,既是对国际社会普遍强调创新素养培育的时代趋势的顺应,是对国家重大战略需求的落实,也是对"双新"理念的校本化实践。

(一)"芯片科技教育"校本课程是对创新素养培育趋势的顺应

进入 21 世纪以来,如何界定未来社会发展需要的人才标准成为国际社会普遍关注的问题。世界各国和国际组织在建构未来社会人才素养模型的过程中,普遍认识到创新是人类文明进步与社会发展的根本动力,具备创新素养是21 世纪人才的关键特征。因此,在其建构的核心素养模型中,普遍将创新素养作为未来人才的必备素养。[①] 在我国学生核心素养体系中,"实践创新"也是六大素养之一。因此,培养学生的创新素养,并以此推动创新人才的培养已经成为国际社会普遍关注的重要命题。从近年来国际社会课程教学改革的整体演进看,围绕创新素养的培育,通过课程教学改革,引入高阶思维能力培养、跨学科学习、项目化学习、综合实践学习等新的理念,从而提升课程教学对于培育学生创新素养的价值,已经成为一种流行风尚。位育中学的"芯片科技教育"校本课程主要的价值在于,依托一种特定的科技教育范式培养学生的创新素养,这是对国际社会注重创新人才培养整体趋势的顺应。

(二)"芯片科技教育"校本课程是对国家重大战略需求的回应

教育具有鲜明的阶级属性,学校教育改革发展,必须以为党育人、为国育才

---

① 甘秋玲,白新文,刘坚,等.创新素养:21 世纪核心素养 5C 模型之三[J].华东师范大学学报(教育科学版),2020(2):57-70.

为根本目标,以服务中华民族伟大复兴为重要使命。从我国整体改革发展的战略需求看,创新驱动是国家命运所系,国家力量的核心支撑是科技创新能力。创新驱动发展,依赖高素质创新型人才的培养。《中国教育现代化 2035》指出,要"加强创新人才特别是拔尖创新人才的培养,加大应用型、复合型、技术技能型人才培养比重"。2020 年 1 月 13 日,教育部发布《关于在部分高校开展基础学科招生改革试点工作的意见》,正式推出"强基计划","选拔培养有志于服务国家重大战略需求且综合素质优秀或基础学科拔尖的学生"。2023 年 5 月 17日,教育部等十八部门联合印发的《关于加强新时代中小学科学教育工作的意见》明确提出,要"着力在教育'双减'中做好科学教育加法,一体化推进教育、科技、人才高质量发展"。

结合中国现阶段芯片科技人才培养的重要性和紧迫性,位育中学经过两年的筹备,从自身优势出发,基于已经建成的芯片科创平台,以课程化的思维方式推动芯片科技教育育人效能的发挥。这不仅能够丰富学校的课程体系,而且能够呼应国家战略,强化课程思政,在课程建设中融入爱国和科学家精神教育,培养对接高校"强基计划"的生源,提升学生"科技报国"的责任感与使命感。

(三)"芯片科技教育"校本课程是对"双新"理念的落实

高中教育在人才培养过程中起着承上启下的关键作用。"双新"改革进一步优化了普通高中的课程结构,增强了课程的可选择性,促进了教考有效衔接。"双新"改革明确提出了立德树人的价值导向和学科核心素养培育的理念,致力于打破传统高中封闭、僵化、机械的教育方式、管理方式和育人方式,倡导以育人方式的转型来提升高中教育和各学科教学的育人价值。[1] "双新"理念的落实,特别是育人方式的转型需要相应的载体,其中课程领域的改革与重构是最为关键的。位育中学选择以芯片科技教育为创新课程建设的切入点,既是对学

---

[1] 谢登科.对高中"双新"改革中"五对"关系的思考[J].中小学校长,2022(6):46-48.

校原有课程建设基础的延展,也是对"双新"理念落实的校本化设计。芯片科技教育本质上是一门综合性极强的跨学科教育,融合了数学、物理、化学、技术等学科知识,可以有效地培养学生的"技术意识""创新设计""工程思维""工程能力""逻辑能力"等核心素养,深化学生对学科知识的理解,提高学生跨学科解决问题的能力,也能够与"双新"改革所强调的跨学科、综合性、项目化等学习理念相匹配,有助于推动育人方式的转型和"双新"理念的落实。

二、"芯片科技教育"校本课程的开发价值

作为一种独特的校本课程样态,"芯片科技教育"校本课程的研发,不仅能够丰富学校的校本课程体系,也能够成为学校主动对接国家战略、积极探索创新人才早期培养的规律和方式、提升学生创新素养培育效能的有效载体。

创新素养培育成为一个相对独立而且重要的研究领域大致起始于 21 世纪初,与之伴随的主要是人们对于 21 世纪人才培养标准的思考。现有的关于学生创新素养培育的研究,主要包括理论阐释和路径探索两大范式。理论阐释主要围绕创新素养的概念、内涵、价值、指标和行为特征(特质)等维度展开;路径探索主要围绕创新素养培育的实施困境、实践方式和案例呈现等方面展开。[①] 从目前的研究看,对于创新素养的概念、内涵、价值等理论问题的思考已经比较成熟,而且在创新素养作为 21 世纪人才培养的重要标准和课程教学改革的重要价值指向上已经基本形成共识。[②] 本研究主要关注的是创新素养的培育方法,这一领域的研究成果虽然丰富,但是相对零散,没有形成体系,也远没有达成共识。

对于创新素养的培育路径,现有的研究主要包括以下思路。其一,课程支

① 黄四林,张叶,莫雷,等.核心素养框架下创新素养的关键指标[J].北京师范大学学报(社会科学版),2021(2):27 - 36.
② 师保国,刘霞,余发碧.核心素养视域下的创新素养内涵及其落实[J].课程·教材·教法,2017,37(2):55 - 60.

撑的思路,即明确提出创新素养培育与课程建设的内在联系,倡导通过课程建设来促进学生创新素养的培育。例如:有的研究认为,学生创新素养的培育需要通过开发学校隐性课程、开设创新素养独立课程和开展创新活动课程去落实[①];有的研究认为,STEAM课程等独特的课程样态具有创新素养培育的显性价值[②];有的研究认为,可以通过建构创新素养培育的实践模型,以模型建构引领课程建设,最终实现课程建设对学生创新素养培育的价值[③]。其二,学科渗透的思路,即强调学生创新素养的培育应该与学科教学改革相结合,倡导整合学科教学中有助于学生创新素养培育的元素并创新教学方式。比如,在语文学科的教学中,通过开展读、说、写、演、绘等形式多样的语文实践活动培养学生的创新素养。[④] 此外,运用项目式教学的方式,能够达到学科教学本体性任务和学生创新素养衍生性任务同时实现的目的。[⑤] 其三,实践活动的思路,即强调在相对固定的课程教学之外,通过专门的创新实践活动来促进学生思维品质的提升和创新素养的培育。大量研究表明,如果学生能有更多的参与创新实践活动的机会,那么其创新素养的培育可能会有更好的效果。创新实践活动的设计可以与思维培养相结合,比如开设专门的思维培训活动、设计跨学科综合实践活动,通过逆向思考、侧向思考培养学生的发散思维,通过远距离联想培养重组思维,进而通过思维模式的重塑提升学生创新素养培育的效能。[⑥] 在专门的活动设计中,倡导通过评价改革,打破传统评价方式对于学生思维、创造、实践的禁锢,建构一种更有利于学生创新素养培育的长效机制。其四,学生自主的思路,即强调在创新素养培育的过程中要通过学生自主的思考和建构来达到目

① 曹红旗,王桂亮.创新素养与课程开发[J].教育研究,2003(9):80-84.
② 师保国,高云峰,马玉赫.STEAM教育对学生创新素养的影响及其实施策略[J].中国电化教育,2017(4):75-79.
③ 陈静静.创新素养培育的实践误区与解决方案——基于创新素养模型、阶段特征与人才类型的剖析[J].教育发展研究,2017(18):70-77.
④ 李玉飞.在语文实践活动中培养学生的创新思维能力[J].教育实践与研究,2021(34):17-20.
⑤ 尹逊朋.指向创新素养培育的普通高中项目式教学实践与研究[J].中国教育学刊,2022(4):96-100.
⑥ 胡卫平.青少年科学创造力的发展与培养[M].北京:北京师范大学出版社,2003:50.

的,这类研究认为学生的创新素养在其学习过程中有特定的表现,需要通过学生的深度阅读、有效学习和主动研究来达成。[①] 其五,整体改革的思路,即强调将学生创新素养的培育作为学校改革发展和人才培养的整体设计,倡导围绕创新人才培养整体推进学校改革发展,形成具有学校特色的创新人才培养之道。例如,上海中学所展开的以"聚焦志趣、激发潜能"为导向的高中生创新素养培育实验,通过课程、教学、教师、资源、环境等的整体联动,形成了具有学校特色的创新人才培养体系。[②]

基于对上述文献的回顾,可以发现,创新素养培育的内涵及其重要性得到了教育学界的普遍认同。当前,格外需要关注的是,如何通过有效的路径设计来提升学生创新素养培育的有效性。以下几个方面的问题值得深思。

首先,尽管现有的研究已经关注到学生创新素养培育的阶段性特征,但是如何建构与学生学习阶段相匹配的创新素养培育方式的研究仍不到位。其次,尽管现有的研究普遍关注到了课程建设与创新素养培育的逻辑关系,也倡导在课程教学中树立创新素养培育的意识,但是这里的课程教学主要是散见于不同学科门类的单独的设计,其实施的效能很多时候会受到教师的创新素养培育意识、能力等的制约,围绕学生创新素养培育的具有针对性的独立课程的开发尚不多见。最后,创新素养培育的根本问题在于教师意识的转变。培养学生的创新意识与能力,教师的课堂创新素养是关键。因此,仅仅强调创新素养培育的方法,而忽视教师人才培养意识和理念的转型,会制约创新人才培养的实践价值。

基于上述问题,"芯片科技教育"校本课程倡导不同学科教师的整体联动和共同参与,通过课程建构转变教师的人才培养观念,提升教师对创新人才培养的自觉性和主动性。课程着眼于高中阶段学生学习的特点,对接"强基计划"等

[①] 李润洲.研究生创新素养培育的教学审视——一种教育学的视角[J].研究生教育研究,2019(1):39 - 44.

[②] 唐盛昌.聚焦志趣、激发潜能——上海中学高中生创新素养培育实验研究[J].教育研究,2012(7):144 - 155.

教育改革发展战略,通过"芯片科技教育"校本课程的开发,形成一种指向学生创新素养培育的独立的课程体系,丰富学生创新素养培育的课程支撑,提升创新素养培育的实践效能,这也是"芯片科技教育"校本课程体系建构的价值所在。

第二节 "芯片科技教育"校本课程开发的项目设计

课程是学校开展教学活动、进行人才培养的基本支撑。基于以课程带动学生、教师和学校整体发展的基础认知,位育中学认为,开发和实施"芯片科技教育"校本课程,有助于优化学校的发展方向,对于培养学生的核心素养、提高学生的创新能力、提升学生的思维品质具有积极意义。

一、"芯片科技教育"校本课程开发项目的研究内容

位育中学试图通过"芯片科技教育"校本课程,培养具有创新意识、创新精神和创新能力的学生群体,打造一专多能、智慧型的教师团队,建构符合学校发展目标的课程体系。通过项目制学习和课题孵化,培养学生的科学精神,突出基础学科的支撑引领作用,提高学生数学、物理、化学等相关学科的综合学习能力。与"芯片科技教育"校本课程相关的研究内容包括以下几个方面。

课程目标:"芯片科技教育"校本课程目标的设定。

课程内容:"芯片科技教育"校本课程内容的选择和组织。

课程结构:"芯片科技教育"校本课程的实施与课堂教学的有效模式。

课程评价:"芯片科技教育"校本课程评价体系的建立。

课程保障："芯片科技教育"校本课程跨学科教师团队的建设和研修模式的确立。

课程特色："芯片科技教育"校本课程整体架构的设计和配套管理机制的建设。

二、"芯片科技教育"校本课程开发项目的实践价值

结合"双新"改革的相关要求和"位正育卓 自主发展"的办学理念,我校开设了"芯片科技教育"校本课程。该课程以激发兴趣、开发潜能为导向,具备综合性、适切性和多样性的特征,强调高中和大学课程的衔接,旨在激发学生的学习兴趣,开发学生的学习潜能,培养学生的创新能力,提高学生的综合素质,促进学生的个性化发展。

创新教学需要有高效能的教师,其中坚实的学科基础是一个方面,同时还需要学科之外的素养,这种素养的核心就在于教师和学生之间的互动,使学生在学习过程中通过不断实现阶段性目标,建立起对学习的个人成就感和个人责任感。因此,要做到真正创新教学,需要教师重视学生学术素养的培养,需要教师明白课堂是让学生能在独立思考中产生创新意识的地方。"芯片科技教育"校本课程是智慧教学,是通过"重组"和再度"创造"来推进课堂教学改革,也是教师自身成长的摇篮。

随着"双新"改革的推进,高中各学科的学习迎来了全新的模式。数理化等学科对于深入了解基本原理和应用方式以解决实际问题的要求越来越高。"芯片科技教育"校本课程就是以课程的开发、实验与研究作为契机,秉承位育中学"生长创造"的办学宗旨,用科学性、前瞻性、创新性的教学内容和丰富多样的教学形式,架构具有递进关系和内在联系的课程单元模块,从而激发学生的学习兴趣,在独立思考中唤醒学生的创新意识,用多学科相融合的方式提升学生的科学素养和人文素养,拓宽学生的视野,提高学生解决实际问题的能力。

三、"芯片科技教育"校本课程开发项目的路径方法

本项目采用多种方法进行研究,立足课堂教学实践,逐步推进研究进程,最终实现研究目标。研究方法包括:收集、研究国内外的发展动态和发展趋势方面的资料,了解国内外名校的成功经验,对"芯片科技教育"校本课程进行合理定位;配备和"芯片科技教育"校本课程相配套的软件和硬件设施;借鉴国内外的教学考核指标、考核方法,建立一套严密的教学反馈机制和评价体系,并通过学生的学习情况来检验评价体系的合理性;将项目发展中遇到的瓶颈问题和核心问题转化为研究课题,并制订相应的行动计划;汇集一切相关的校内外资源,全力实现项目研究计划和目标,以保障学校整体课程设计具有特色且符合办学理念,并带动学校发展呈螺旋式上升态势。

项目研究整体的创新与突破之处在于:"芯片科技教育"校本课程属于前沿技术领域的课程,有助于培养引领未来发展的优秀科技人才;"芯片科技教育"校本课程涉及多门学科,属于可以与高中各主要学科学习内容可以整合的跨学科课程,可以带来全新的课堂教学模式;"芯片科技教育"校本课程注重思维能力和实践能力的培养,让学生带着问题去探究,与"双新"改革所倡导的学生核心素养培育的方向有很大的相关性。

第三节 "芯片科技教育"校本课程开发的实践成果

课程是开展教育教学活动的基本支撑,课程开发是丰富课程供给、完善课程体系的必然行动选择。课程开发是一个复杂的概念,包括课程政策、设计、实施、技术、监督和评价等各个方面。通过课程开发,可以对零散的课程资源进行整合,

形成系统性的课程体系,有助于更好地发挥课程资源的育人作用。位育中学在芯片教育学习体验中心初步建成的基础上,通过"芯片科技教育"校本课程的建设推动学校课程体系的完善,从而更好地培育学生的核心素养,促进学生全面发展。

一、"芯片科技教育"校本课程目标的建构

课程目标即课程建设所期望达到的理想境界,在整个课程开发的过程中居于引领地位。"芯片科技教育"校本课程在目标的设计上,凸显了两个方面的协同建构:其一,从课程建设本身看,"芯片科技教育"校本课程旨在通过对原有零散的芯片科技教育活动和资源进行课程化整合,进一步丰富学校的课程体系,提升课程辨识度,形成与学校办学理念和人才培养目标相匹配的特色校本课程;其二,从人才培养的角度看,坚持以特色化的课程建设服务于高质量人才培养,帮助学生培养钻研精神,引导学生通过学习和芯片相关的科学知识,了解中国与国际社会在芯片产业上的发展差距,提升学生的创新思维和创造性素养,激发学生的科技报国热情,实现知识、技能、情感、价值观等领域的协同培养。学校将课程目标与核心素养相结合,明确通过"芯片科技教育"校本课程发展学生的技术意识、创新设计能力、工程思维、工程能力、逻辑能力,全面提高学生提出问题、综合分析问题、解决问题的能力。

二、"芯片科技教育"校本课程内容的设计

课程内容的设计是课程开发的关键领域,也是课程建设本身科学性与否的重要评判指标。课程群是针对某一受教育对象,将相关的课程进行整合形成的独特课程样态,能够实现单一课程无法实现的综合育人价值。[1] 基于学生创新

---

① 郭必裕.课程群建设与课程体系建设的对比分析[J].现代教育科学,2005(4):114-116.

素养培育的复杂性和芯片知识的复合性,我校采用"惠及全体、夯实基础,尊重兴趣、给予选择,鼓励冒尖、支持拔尖"的递进式方式,构建了满足基础需求、兴趣发展、特长培养的芯片与人工智能课程群。

第一类课程是惠及全体、夯实基础的通识课程。一是在必修课程中,融通芯片科技教育,打造必修课程的校本化特色。比如,将"数字逻辑芯片""电路搭建"等融入通用技术学科课程,将"利用芯片架设信息系统的实验""计算机传感器"融入信息技术学科课程,将"半导体材料"融入物理学科课程。二是开设芯片系列讲座课程,例如"中国艰'芯'路""芯片与计算"等课程,加强学生对课堂所学原理应用方向的感知,引导学生切身体会并理解芯片在现代科技社会中的重要地位。

第二类课程是尊重兴趣、给予选择的选修课程。学生可以根据自己的兴趣和需求,选择芯片类选修课程进一步学习,比如"中学生识芯片""无线电技术与相关芯片应用""芯片与开源硬件"等。学校在保证课程多样性、选择性的基础上,尤其重视这类课程的目的、价值、质量、趣味、周期等要素的设计与实现。学生在相对系统的学习中,不断发现自我、认识自我,为职业生涯的选择在高中阶段的生发创造契机。

第三类课程是鼓励冒尖、支持拔尖的专项课程。面对有学科特长、学有余力的学生,学校专门开设了竞赛、探究类专项课程,以满足拔尖学生学习能力提升的需要。例如,在由我校老师自主开发的"FPGA 集成电路(芯片)设计与仿真"专项课程中,学生通过为期一年的课程学习,不仅学习了数字逻辑、电路搭建、程序语言等内容,还自主进行了科学探究,用芯片搭建了具有通用计算能力的计算机。学生在完成课程学习的同时开展课题研究,相关论文已经在学科类杂志上发表。

除了前述三类线下课程,学校还着手开发了第四类课程——线上"芯慕课",以期建立"芯片科技教育"课程资源库。线上"芯慕课"侧重芯片产业链的通识性介绍,与线下课程形成呼应和互补,为学校储备了丰富的芯片课程资源。

三、"芯片科技教育"校本课程实施的方式

课程实施是将课程计划或课程方案付诸实施的过程。20 世纪 70 年代以后,课程实施成为一个相对独立而又重要的研究领域,这是因为如果缺少课程实施方式的有效建构,那么再好的课程方案也可能只是"空中楼阁"。基于对课程实施独特价值的认知,位育中学结合"双新"改革所倡导的育人方式,立足芯片科技教育独特的课程需求,着眼于学生创新素养的培育,开发设计了"跨学科性、关联性、探究性"三性结合的融合式教学法。

跨学科性是指以一个学科为中心,在这个学科中选择一个中心题目,围绕这个中心题目,运用不同学科的知识,展开对所指向的中心题目进行加工和设计教学。以"光刻工艺"教学内容为例,光刻工艺是一个涉及物理、化学和数学的中心题目。在物理学科中,它体现了光的波长、传播等知识;在化学学科中,可以从光刻胶的化学成分和性质展开讨论;在数学学科中,可以与几何投影、三视图等知识结合。跨学科教学除了注重让学生掌握不同学科的本体性知识之外,还注重引导学生形成对事物的多视角性认识。通过跨学科教学,帮助学生把握芯片科技教育涉及的社会、经济、技术、生态和道德问题,提升学生联系社会、学以致用的能力。

关联性是指将芯片科技教育与学校原有的基础课程体系进行有效联结和整合。通过芯片中的数学、芯片中的物理、芯片中的化学等关联性设计,建构涵盖不同学科知识点的芯片科技教育基础课程体系。在每个模块的课程中,课堂学习的知识点占 30%,拓展学习的知识点占 40%,探究合作的知识点占 30%。

探究性是指以问题为导向,通过情景式的方式,引导学生独立或合作完成对一个课题的探究。例如,教师在课堂上介绍芯片设计过程中的电脑辅助软件(类似 EDA 的软件),引导学生完成芯片的模拟设计,让学生了解芯片的制作流程,以及作为智能设备的大脑,芯片的诞生需要经历哪些步骤。在引导学生

进行实验和探究的过程中,教师会从沙漠开始讲起,从沙子讲到圆盘形硅片,再从硅片讲到载有集成电路的晶圆,最后再讲到通过切割封装测试形成手机、电脑等智能设备中实际可用的芯片。通过这样一步步的实验和讲解,学生能够充分发散思维,对课题进行多角度探究,从而加深对相关知识的理解。

四、"芯片科技教育"校本课程师资的打造

教师是教育的第一资源,高质量教师队伍是"芯片科技教育"校本课程有效实施的保障。在师资团队建设上,位育中学着眼于"芯片科技教育"校本课程实施的现实需要,精心打造了一支高素质教师队伍。学校挑选来自数学、物理、化学、计算机等不同学科的优秀学科骨干教师,与中国科学院专家组共同组建了全国第一个中学芯片科技教育导师团队,共同完成课程的开发和实施。学校广泛开发社会资源,与科研院所、高校紧密合作。中国科学院上海微系统与信息技术研究所、上海交通大学学生科创中心、同济大学等国内较早从事集成电路、生物芯片、硅光芯片的研究机构和高校,成为位育中学校外芯片科技教育的常驻基地,为学生科技研学、课题探究等综合性活动提供了充足的实践场所。

五、"芯片科技教育"校本课程评价的转变

评价是完整的课程开发的重要环节,也是课程质量保障体系建构的重要组成部分。位育中学借鉴新时代教育评价改革的理念,结合"芯片科技教育"校本课程的目标、内容和实施方式,建构了"双结合"的课程评价体系。其一,过程性评价与终结性评价的结合。过程性评价用来评价学生在实验过程中的参与情况;终结性评价用来评价学生学科知识的学习情况。过程性评价更注重评价学生技能的掌握情况,对教师素养及教学活动也是极好的反馈。例如,在进行"光刻"实验的教学时,实验的最终成果是学生"光刻"的结果,如果评价仅仅关注学

生"光刻"是否成功,那么就会导致一些学生过于注重实验结果的呈现,而忽视了"光刻"过程中对不同学科知识的理解和运用。只有将过程性评价和终结性评价相结合,才能充分观照学生在实验过程中的理解、运用与表达,对学生参与实验学习的过程和结果作出科学评判。其二,教师评价和学生评价的结合。完善科学的评价体系必然需要多元评价主体的协同参与,多元主体的参与能够保障评价结果的真实性。依然以"光刻"实验的教学为例,虽然教师可以对学生参与实验的结果进行整体评价,但是对于实验过程中学生的参与状态、体验感悟等,教师有时是难以全面把握的。这就需要将教师评价和学生评价结合起来,以便获取完整科学的评价信息。

六、"芯片科技教育"校本课程保障的完善

由于"芯片科技教育"校本课程的建设与实施是位育中学立德树人体系的重要组成部分,因此学校注重从多维度入手完善这一独特课程实施的保障体系。"芯片科技教育"校本课程项目组由校长办、总务办、信息科技组和物理教研组负责,由信息科技组具体执行日常管理,以保证项目的正常运行,同时借助校外资源开展应用型课题研究。项目组下辖教学组,由学校教学主管部门统一管理课程并负责考核工作。学校以芯片教育学习体验中心的建设为抓手,扩大"芯片科技教育"校本课程实施的物理空间,丰富设备支持。学校对芯片教育学习体验中心的空间设计具有前瞻性和科学性,其中科普展示中心可以满足学生对芯片科学技术进行了解学习、兴趣培养、应用探索的需要。在建成芯片教育学习体验中心的同时,学校通过丰富的校际合作和"双师团队"的打造,开发设计了完整的项目制学习方案,并结合配套的软硬件和初步的课程实施规划,逐步完成相关课题的引导和实施。不仅如此,学校还将"芯片科技教育"校本课程纳入学校的发展规划中,将其作为学校校本特色课程中的重点项目予以推进。针对课程实施过程中遇到的瓶颈问题和核心问题,将其转化为研究课题,并制

订解决问题的行动计划。此外,我校市级项目课题"'双新'背景下高中'芯片教育'课程的开发与实践研究"顺利立项。通过该项目的引领,学校在课程建设的专业支持、深度挖掘、实践转化等方面都有了更加强有力的保障。

科技创新是当前我国经济社会发展和人才培养的重大战略问题,关系国家富强和民族振兴。谈及科技创新,习近平总书记多次强调,要不忘本来、吸收外来、面向未来,位育中学的芯片科技教育探索之路正是其生动写照。"芯片科技教育"校本课程实施以来已经在以下三个维度取得了显著的成效。

首先,"芯片科技教育"校本课程的实施,整体促进了学生创新能力和综合素养的提升。通过"芯片科技教育"校本课程的学习,我校学生的眼界不断开阔,创造力普遍提升。2023年,位育学子在各种科技类竞赛或活动中表现十分活跃,其科技类竞赛或活动参加情况如表4-1所示。

表4-1　2023年位育中学学生科技类竞赛或活动参加情况

序号	时间	竞赛或活动名称	姓名
1	2023.04	第38届上海市青少年科技创新大赛	朱海兴
2	2023.04	第38届上海市青少年科技创新大赛	陆思源
3	2023.04	第38届上海市青少年科技创新大赛	朱昕宇
4	2023.04	第38届上海市青少年科技创新大赛	赵胤茌
5	2023.04	第38届上海市青少年科技创新大赛	马原皓
6	2023.04	第38届上海市青少年科技创新大赛	左子萱
7	2023.04	第38届上海市青少年科技创新大赛	方丁龙
8	2023.04	第38届上海市青少年科技创新大赛	王开谚
9	2023.04	第38届上海市青少年科技创新大赛	祁曼迪
10	2023.04	第38届上海市青少年科技创新大赛	林彦泽
11	2023.04	第38届上海市青少年科技创新大赛	吴佳妮
12	2023.04	第38届上海市青少年科技创新大赛	周羽轩

（续表）

序号	时间	竞赛或活动名称	姓名
13	2023.04	第38届上海市青少年科技创新大赛	张行健
14	2023.04	第38届上海市青少年科技创新大赛	李烨晨
15	2023.04	第38届上海市青少年科技创新大赛	孙若桐
16	2023.04	第38届上海市青少年科技创新大赛	赵乐恒
17	2023.04	第38届上海市青少年科技创新大赛	熊可
18	2023.04	第38届上海市青少年科技创新大赛	乌伟成
19	2023.04	第38届上海市青少年科技创新大赛	宋锐鋆
20	2023.04	第38届上海市青少年科技创新大赛	张逸洲
21	2023.04	第38届上海市青少年科技创新大赛	马晓菡
22	2023.04	第38届上海市青少年科技创新大赛	夏子淳
23	2023.04	第38届上海市青少年科技创新大赛	杨佳源
24	2023.04	第38届上海市青少年科技创新大赛	张雅漪
25	2023.04	第38届上海市青少年科技创新大赛	康尔悦
26	2023.04	第38届上海市青少年科技创新大赛	邱霁
27	2023.04	第38届上海市青少年科技创新大赛	何静
28	2023.04	第38届上海市青少年科技创新大赛	李佳
29	2023.04	第38届上海市青少年科技创新大赛	冯海松
30	2023.08	徐汇区首届"南洋杯"结构工程夏令营	朱欣妍
31	2023.08	徐汇区首届"南洋杯"结构工程夏令营	李方靖
32	2023.08	徐汇区首届"南洋杯"结构工程夏令营	李长祺
33	2023.08	第4届"荣昶杯"上海交通大学人工智能大赛	吴弈闻
34	2023.08	第4届"荣昶杯"上海交通大学人工智能大赛	彭秀泽
35	2023.08	第4届"荣昶杯"上海交通大学人工智能大赛	刘敬慈
36	2023.09	第12届同济大学全国中学生结构设计大赛	张思明
37	2023.09	第12届同济大学全国中学生结构设计大赛	朱欣妍

（续表）

序号	时间	竞赛或活动名称	姓名
38	2023.09	第12届同济大学全国中学生结构设计大赛	李方靖
39	2023.11	首届"海科杯"上海交通大学全国中学生结构设计邀请赛	陈宜轩
40	2023.11	首届"海科杯"上海交通大学全国中学生结构设计邀请赛	邢熙然
41	2023.11	首届"海科杯"上海交通大学全国中学生结构设计邀请赛	朱欣妍
42	2023.11	第21届上海市百万青少年争创"明日科技之星"活动	赵胤佳
43	2023.11	第21届上海市百万青少年争创"明日科技之星"活动	吴弈闻
44	2023.11	第21届上海市百万青少年争创"明日科技之星"活动	李烨晨
45	2023.11	第21届上海市百万青少年争创"明日科技之星"活动	黄睿涵
46	2023.11	第21届上海市百万青少年争创"明日科技之星"活动	吴浩伦
47	2023.11	第21届上海市百万青少年争创"明日科技之星"活动	苗准
48	2023.11	第21届上海市百万青少年争创"明日科技之星"活动	赵乐恒
49	2023.11	第3届长三角青少年人工智能奥林匹克挑战赛	沈欣宇
50	2023.11	第3届长三角青少年人工智能奥林匹克挑战赛	周子翔
51	2023.11	第3届长三角青少年人工智能奥林匹克挑战赛	杨抒函

通过"芯片科技教育"校本课程的学习，越来越多的位育学子立志走进芯片产业，投身于国家科技创新发展事业。值得一提的是，位育中学进行芯片科技教育的目的，并不是一定要培养出芯片领域的专家，而是希望在学生学习芯片知识的过程中，融入对家国情怀的培养，以此撬动学生发展的杠杆，更好地落实教育立德树人的根本任务。以下是位育学子在"芯片科技教育"校本课程学习过程中的心得体会。

当我在高一学习信息技术时，有一个问题始终萦绕于心，那就是计算机体系结构的各个组件之间究竟是怎样协同工作的。

我向老师请教了这个问题，老师建议我通过搭建处理器芯片的电路来真正弄懂其中的原理。我有点吃惊，我只有一点最基本的逻辑电路知识，怎么可能做得出"高精尖"的处理器芯片电路? 老师解释说,如果是为了弄清楚工作原理,那么可以先设计一个功能有限的处理器雏形,让它能进行某种运算和简单的判断即可。老师推荐使用 LogiSim 软件来搭建一个可模拟运行的电路。

　　学校灵活的课程安排给了我许多可以接触电脑、研究 CPU 的机会。我查阅了大量资料,发现世界上有着许多不同的 CPU 模型,其中比较简单的模型是通过减法运算,然后根据结果是否为负数来决定是顺序执行指令还是跳转执行指令。因此,我认为减法运算和后续的跳转操作是一个程序能够得以执行的关键。按照这样的思路,我设计了一种简单的指令格式:每个指令由三个数据组成,如果第二个数据减去第一个数据的结果小于或等于 0,那么跳转到第三个数据所代表的指令地址,反之运行下一组指令。

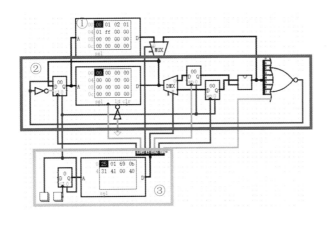

处理器芯片总体电路图

　　上图是我设计的处理器芯片的总体电路图:标注①的地方是存储器,用于输入代码;标注②的地方是运算器,用于进行减法运算给出运算结果;标注③的地方是控制器,用于控制顺序或跳转执行指令。左下方有两个按钮,左按钮用于清零,右按钮用于按顺序依次执行指令,这样就能看到各个部件逐步工作的情况。在设计过程中,我终于理解:一个用户自己编写的程序之所以能够被处理器调用和执行,是因为存在着一个能严格按固定顺序执行各种开启和关闭动作的电路,而这些开启和关闭动作也以指令的形式被存放到了存储器中。这个过程就像一个套娃。如果自己没有亲手做一下,那么是很难领悟到其中的奥妙的。

总体电路图中的一些部件需要进一步进行分解设计,比如运算器中起到关键运算作用的一个部件,实际上是用竖式计算的原理来制作的减法器,展开后会更加清晰。

我花了很长的时间来设计这个减法器电路。后来我通过资料了解到了更简洁的减法器的设计思路,感觉自己是用了一种麻烦的思路重新"发明"了减法器,但我还是为自己能够设计出这样一个可用的电路而感到高兴。现在,计算机的CPU对我来说已经不再是一个神秘的事物,我正在向着下一个目标进发,试着设计出具有通用计算能力的处理器芯片电路。

（本文作者:位育中学学生 谢希霖）

当今世界科技迅猛发展,我们足不出户便可以知晓天下大事、体验到各种服务。科技对我们生活的改变无疑是巨大的,其中影响最大的当属智能手机了,衣食住行玩等,几乎我们能想到的一切,智能手机都做到了。现在每家每户都在使用各种各样的智能电器,我们享受便利的同时可曾想过,手边一个个虽小巧却高效的电器是依靠什么在工作的? 原来是一块块只有几纳米的芯片。如今,芯片已经融入了人类的生活,成为不可或缺的一部分。目前,部分西方国家对我国实施了芯片技术封锁,这使得我国在芯片制造领域的发展受到极大限制。

部分西方国家对我国的技术封锁导致我国无法自主生产高精度的芯片,这可能会对青少年的心理造成一定的影响。我希望知道青少年的心理变化,以及是否对未来的芯片产业怀有热情。我和我的团队采用问卷调查的方式对这一问题进行调查研究,研究的主要内容包括:部分西方国家对我国芯片科研与产业实施技术封锁的前因后果和影响;青少年在得知部分西方国家对我国芯片科研与产业实施技术封锁的手段与目的后情绪的变化,以及未来想要采取的实际行动。

在具体的研究中,我首先了解了部分西方国家对我国芯片科研与产业实施技术封锁的情况,记录了自己的思考与情绪,制作了一份针对青少年的调查问卷。问卷内容包括:是否了解我国芯片研发的情况,以及部分西方国家对我国芯片科研与产业实施技术封锁的事实,并附上简要的说明以供不了解的被调查者参考;知道这一情况后的心理感受,从愤怒到开心分为1到10分,让被调查者勾选当下的心情值,并增加一个选填的附加选项以便被调查者描述自己的心情;未来是否有兴趣亲身参与芯片研发事业。

随后,我对收到的问卷结果进行了分析总结:统计有多少青少年对芯片领域并不了解,设计方案加强他们对这一领域的认识;统计青少年所表现出的情绪,若过于偏激,讨论应该如何调整。接着,基于问卷结果设计访谈提纲,访谈的对象不限于青少年,通过不同年龄段人群心理变化的对比,从而突出青少年的心理变化。最后,对比总结访谈结果与问卷结果的异同,对存疑的内容设计进一步的验证,并分析数据、得出结论。

从整体上看,虽然调查问卷存在不完美之处,需要重新搜集数据并且制作新问卷,但是有一些结论还是具有启发性的:现阶段,我国青少年对芯片领域了解不深,有一部分青少年对此持漠不关心的态度,并且对芯片领域没有想了解、学习的欲望。芯片产业作为新时代科技的支柱产业之一,也是未来国家与国家之间竞争的重要领域。学校可以针对芯片领域开展专项课程来激发青少年的兴趣,使他们肩负起身为祖国的未来与希望的使命与担当。创新是促进社会发展、实现国家繁荣的源泉和核心动力,而芯片技术的进步就是创新的最好体现。

(本文作者:位育中学学生 黄华清、王慧怡)

2022年,我们经历了多次居家学习,在网课环境下,我深切感受到了体育老师的束手无策,除了视频打卡等方式,缺少一种能够更实时、更准确地反映同学们在校外开展体育锻炼的过程和效果的工具。于是,我萌发了在时下流行的智能运动手表上开发一款适用于体育课的电子课表APP的想法。通过电子课表APP,体育老师可以远程布置上课内容,同学们按提示和课堂要求执行即可完成体育课,智能运动手表收集到的每位同学的课堂运动数据可通过5G等远程传输方式实时传送给老师,这就如同每位同学身边有了一位虚拟的体育老师。搭载电子课表APP的智能运动手表作为一种全新的教具,让师生之间随时在线"无缝连接",可以称之为"新神器"。

结合自己、家人和跑团跑友对多款智能运动手表的使用情况和收集到的数据,我由浅入深逐步学习了智能运动手表操作系统和相关应用的开发知识,初步构建了设计电子课表APP的可行性分析、系统框架和数据库结构,在老师的指导下,我撰写了《体育老师的"新神器"》一文,得到了评审专家的肯定。此过程离不开学校丰富多彩的课程设置,比如芯片、AI、编程等。位育中学浓厚的科技创新教育氛围极大地拓宽了我的视野、引领了我的思维,让我了解了研究性学习的过程,从而能够更加专注于科技创新。我想感谢位育中学给我们提供的丰富的科技教育资源,在老师们的指引、鼓励之下,相信未来必将有更多科学的种子在位育中学的校园中萌发新芽!

(本文作者:位育中学学生 冯海松)

其次,"芯片科技教育"校本课程的实施,促进了教师课程开发和跨学科教学能力的进一步提升。位育中学芯片教师团队在"芯片科技教育"校本课程的构建与实施中,通过芯片学习导师制、课题研究小组、校外教师学习社群等,在校内校外形成了不同的教师成长共同体。教师通过校本研究、行动研究、典型案例等方式,以研促教,提升了个人的专业研究能力,加深了对核心素养内涵的认识,提高了跨学科教学的能力,对于课程从宏观到微观上的把握也积累了丰富的经验。更难能可贵的是,教师在课程开发的过程中,成为与学生、与同事、与学校"芯芯"相惜的伙伴。以下是我校信息技术学科教师的课程开发案例。(略有改动)

芯片科技教育框架下信息技术学科核心素养培养路径的建设与实施

一、项目背景

根据《普通高中信息技术课程标准(2017年版2020年修订)》,普通高中信息技术学科培养的四大核心素养包括:信息意识、计算思维、数字化学习与创新、信息社会责任。信息技术教学要用学科核心素养统领课程目标、教学内容、学习方法、学业评价等要素,要将学生的个人生活、科学技术和社会发展结合起来。

位育中学与中国科学院上海微系统与信息技术研究所等科研单位合作,于2021年建立了上海市首个面向高中生的芯片教育学习体验中心,开始进行"芯片科技教育"校本课程的建设。同时,我校申报的上海市普通高中"双新"实施研究与实践项目"'双新'背景下高中'芯片教育'课程的开发与实践研究"成功立项,确立了芯片科技教育与学科教学深度融合的课程建设思路。"芯片科技教育"校本课程有可能成为将学生的个人生活、科学技术和社会发展结合起来,实现信息技术学科核心素养培养的重要平台。

值得一提的是,信息技术学科应当成为提高学生科技素养、贯彻关键核心技术重要性思想的阵地。《人民资讯》发文指出,关键核心技术对推动我国经济高质量发展、保障国家安全具有十分重要的意义,要想彻底改变现状,需要从基础做起,从教育做起。在信息技术教学中,计算机软硬件组成、信息安全等单元的内容的教学,在信息意识、计算思维、数字化学习与创新、信息社会责任相关核心素养的培养方面,均可与关键核心技术重要性思想的渗透高度融合,成为关键核心技术在基础教育领域长远布局的一部分。

二、项目目标

本项目的目标是建立一种芯片科技教育框架下信息技术学科核心素养的培养路径并加以实施,重点任务是对信息技术教学中部分单元围绕芯片科技教育的大主题构建任务,建成具有一定开创性的用于信息技术学科核心素养培养的示范性教学活动方案和评价机制。

三、项目可行性分析

从以下几个方面可以说明"芯片科技教育框架下信息技术学科核心素养培养路径的建设与实施"项目是可行的。

首先,从教学内容范围的选取和设定看,尽管芯片的制造技术涉及复杂的知识和技能,但是其中的一些基础知识和高中开设的信息技术、通用技术、物理等学科中的教学内容有较大关联性。比如,在信息技术教学中,信息的数字化单元中所涉及的模拟信号、数字信号的处理,计算机体系结构单元中所涉及的运算器、控制器和存储器的知识等教学内容都与芯片的原理和功能有关。芯片科技教育本身具有高度的跨学科特点,"集成电路科学与工程"已于2021年被列为国家交叉学科门类下的一级学科。美国学者埃里克·詹奇建议使用系统论的方法研究如何在跨学科的学习中对知识和技能进行重组,他提出了分层目标导向系统,该系统分为四个层次,由下而上分别是:经验层次,对应那些对具体物的现象和行为进行学习和研究的教学活动;实用层次,对应将经验层次的成果,由简单到复杂加以综合,使之具有实用性目标的教学活动;规范层次,对应将实用层次的成果,归纳出具有共性的方法论、指向整体的社会系统和生态系统研究目标的教学活动;目的层次,对应在真实完整情境中,经由哲学思考、艺术欣赏创作、情感体验等相互作用指向价值驱动力的目标的教学活动。根据分层目标导向系统,可以先将芯片科技教育所涉及的内容在四个层次上进行归类,借助交叉学科中的横向断析的方法实现分层目标导向系统中实用层次和目的层次的贯通。在学科间协作的过程中,横向断析研究贯穿于不同学科所具有的层次、结构和行为的共性中。横向断析机制概括和综合多门学科的思维方法,某些新兴学科如信息论、控制论、系统论等都具有横向断析的特点。有研究者运用系统科学的理论和方法来分析计算系统的特征、人与计算系统的关系以及设计计算系统的思维过程,并提出,构造是计算思维中的关键环节,构造发生于建模之后,即在经过抽象与形式化表达建立清晰的模型表征以后,将模型转化为计算科学工程。因此,利用芯片或电路实施某个可实现计算的系统的工程,能够体现出信息技术学科核心素养的运用,同时也能为学生提供一个跨学科的学习活动环境。

其次,基于芯片的设计环境为信息技术学科核心素养的培养提供了更丰富的项目活动设计空间。有研究者提出,在信息技术学科中,不仅仅只是算法与程序设计模块能较好地培养学生的计算思维,在课程其他模块中,只要精心组织好培养计算思维的课堂活动,也可以很好地培养学生的计算思维。基于这样的认识,在除了算法与程序设计之外的其他一些模块中,结合芯片科技教育的相关内容,我校已有了一些初步的尝试。例如:通过基于芯片的模型展现计算机架构的各个逻辑部件的工作原理;通过芯片数据的迭代反馈过程展现基于实体电路的虚拟计算过程的运行机制;借助实体芯片展现过程控制系统的运作流程;等等。以上尝试在实践和交流中得到了同行和专家的认可,为本项目的开展积累了一定的资料和数据。这说明,在芯片科技教育框架下实现信息意识、计算思维、数字化学习与创新、信息社会责任这些核心素养的培养是有一定可行性的。

最后,需要指出的是,"芯片科技教育"校本课程的开发与建设是位育中学重要的特色教育项目,学校在本项目人力、物力、资金上的投入是充足的。位育中学芯片教师团队在相关课程的构建和实施中,通过"芯片学习导师制",在校内校外形成了教师成长共同体,区域辐射价值日趋明显。芯片教育学习体验中心已成为徐汇区青少年活动中心的科普基地之一。在徐汇区第六期优秀教师高研班研修期间,笔者在导师余安敏教授的指导下录制完成了"用于信息技术教学的电路与集成电路实验"课程,该课程于2021年成为市级教师共享课程。以上这些研究和实践都为本项目的顺利实施打下了扎实的基础。

(本文作者:位育中学教师 陈凯)

最后,"芯片科技教育"校本课程的实施,产生了学校特色在区域内的辐射效应,整体提升了学校的办学知名度和影响力。位育中学的芯片教育学习体验中心已成为徐汇区青少年活动中心的科普基地之一,每周接待区域内初、高中生进行微型课程的体验。寒暑假期间,芯片教育学习体验中心面向社区开放,让更多的中小学生有机会了解芯片,为"芯苗"的接力培养充分发挥名校的引领作用。

作为位育中学校长,笔者在不同场合积极介绍并推广学校的芯片科技教育经验,以展现这一独特课程样态的重要价值。下文是笔者在市级"双新"改革研讨会上的一次发言,集中体现了位育中学对于"芯片科技教育"校本课程开发与实施的设计、期待和成效。(略有改动)

基于学生创新素养培育的"芯"实践
——位育中学"芯片科技教育"校本课程体系构建

各位领导、各位专家,老师们、同学们,大家下午好:

普通高中作为基础教育的高级阶段和高等教育的衔接阶段,在人才培养的过程中起着承上启下的关键作用,是拔尖创新人才早期培养的关键阶段。新时代普通高中推进育人方式改革,要求全面实施新课程、使用新教材,保障师资和办学条件,形成多样化、特色化发展的格局。"双新"背景下,如何培养出符合时代发展要求的未来人才?基于对这一问题的思考,位育中学在高中阶段首创"芯片科技教育"校本课程,在实践中梳理出蕴含学校育人目标的课程结构和课程体系。

科技创新教育一直是位育中学的优良传统。位育中学名誉校长赵家镐曾说过,要在国家发展各个领域的制高点上有位育的毕业生。我校根据国家战略和区域布局所进行的芯片科技教育,也是在"双新"背景下进一步培养学生核心素养的一种探索与实践。

今天,我将结合"芯片科技教育"校本课程的开发与实施,就位育中学如何通过芯片课程的跨学科性、与基础学科的关联性、探究性的融合式课程设计与教学,促进高中生创新精神、科技素养和关键能力方面的培养进行介绍。

一、聚焦:实现课程改革与芯片科技教育的"联姻"

位育中学结合自身优势,实现了高中阶段"芯片科技教育"校本课程零的突破。学校在探索"芯片科技教育"校本课程体系的建设中,主要聚焦于"芯片科技教育"校本课程的校本化实践,包括:"芯片科技教育"校本课程与其他基础学科的融合和延伸、跨学科教学模式的探索;"芯片科技教育"校本课程教师队伍的建设;"芯片科技教育"校本课程从大学课堂到中学课堂的"降维"实施;"芯片科技教育"校本课程对学生的家国情怀、责任担当意识、科学精神等德育方面的"升维"培养;"芯片科技教育"校本课程体系架构与单元模块设计的研究;有创新潜质的特长学生培养路径的研究。

二、实践:在革新中走向具有位育特色的芯片科技教育

(一)搭建"芯片科技教育"校本课程体系

1. 顶层设计,在课题引领下深化课程内涵

位育中学将"芯片科技教育"校本课程的建设作为学校校本特色课程中的重点项目予以推进。针对课程建设过程中遇到的瓶颈问题和核心问题,将其转化为研究课题,制订解决问题的行动计划。通过课题引领,我校在课程建设的专业支持、深度挖掘、实践转化等方面都有了更加强有力的保障。

2. 外联校企,内强师资,打造"双自主"团队

在师资团队建设上,学校精心挑选了来自数学、物理、生物学、化学、计算机等不同学科的优秀学科骨干教师,与中国科学院专家组共同组建了全国第一支中学芯片科技教育导师团队,共同完成课程的开发和实施。学校广泛开发社会资源,与高校、科研院所进行紧密合作。例如,中国科学院上海微系统与信息技术研究所、上海交通大学学生科创中心、同济大学等国内较早从事集成电路、生物芯片、硅光芯片研究的科研院所和高校,成为位育中学在校外进行芯片科技教育的常驻基地,在帮助学校打造一整套芯片科技教育实施方案的同时,也为学生科技研学、课题探究等综合性活动提供了丰富的资源。

3. 立梁架柱,配置"芯片科技教育"校本课程"软硬件模组"

2021 年,位育中学建成了"芯片科技教育"校本课程所必需的"硬件模组"——芯片教育学习体验中心,并依托该基础平台配置相关教学和实验设备。学校用"芯片科技教育"校本课程的理念来设计芯片教育学习体验中心。不同于传统的教室和实验室,学校将芯片教育学习体验中心的设计和高中育人方式的转变相结合,让芯片教育学习体验中心不仅仅是一个场所的概念,而是成为学生进行芯片学习的动力,成为激发教师芯片教学灵感的源泉,成为学校"芯片科技教育"校本课程生发的土壤。2023 年,在徐汇区教育局和商汤科技的支持下,学校又建成了人工智能学习体验课堂。

位育中学还构建了"芯片科技教育"校本课程所必需的"软件模组"——"芯片科技教育"校本课程体系。为了顺应国家战略性科创方向的转变,学校在科普教育的基础上,发展"更具体、更明确、更基础"的相关技术人才的教育和培养工作,结合高考"综合评价体系"改革的新要求,从芯片理论基础、芯片材料认知、芯片设计、芯片制备、芯片封装、芯片测试、芯片创新应用等方面构建课程,形成校本化的课程方案、课程讲义和学生学习手册。

(二)渗透学科育人价值,鼓励学生自主探究

1. 关注育人,重视素养,落实立德树人根本任务

普通高中育人方式改革,目标是落实立德树人根本任务,突出德育时代性,强化综合素质的培养。位育中学始终坚守为党育人、为国育才的初心使命,致力于培育人格健全、学业一流、自立自主,具有家国情怀、创新精神和社会影响力的国家栋梁之材。位育中学开展芯片科技教育的目的,并不是一定要培养出芯片领域的科学家,而是以此撬动学生发展的杠杆。首先,学校将家国情怀的培养融入"芯片科技教育"校本课程的教学内容中。通过"中国艰'芯'路"等课程进行通识教育,弘扬我国科技工作者的进取精神,使学生深刻领悟到要在未来的科技探索中长志气,肩负起历史重任,体现中国人的科学担当,树立科教兴国、人才强国的使命感。其次,学校积极探索育人方式从知识本位向素养本位

的转变,在芯片科技教育工作中关注学生科学精神、责任担当、实践创新、人文底蕴等核心素养的融合发展,始终把培养学生正确的世界观、人生观、价值观放在首位,同时注重学生科学思维与学习科学知识的能力的培育。

"芯片科技教育"校本课程作为一个综合性极强的课程体系,融合了数学、物理、化学、技术等学科知识,能够带动和深化多门基础学科的学习和理解,同时也融通了"双新"背景下核心素养的培育。

为了将"芯片科技教育"校本课程与基础学科课程有机融合,充分发挥跨学科教学的育人作用,位育中学在课程设计上进行了如下探索:一是将课程目标与核心素养的培育相结合。明确发展学生的"技术意识""创新设计""工程思维""工程能力""逻辑能力"等核心素养,全面提高学生提出问题、综合分析问题、解决问题的能力。二是精心挑选教学内容。课程重点选取了芯片设计和芯片制造这两大方向作为知识载体,这部分内容与位育中学学生目前的知识水平、理解能力、思维方式更加匹配,同时可以有效衔接基础学科的教学大纲,方便教师充分搭建学习"脚手架",让芯片科技顺利"降维"到高中课堂。三是以项目化学习的方式实现跨学科发展。项目的产生可以是由教师设置真实的科创场景,比如芯片应用涉及的"居家养老""无人驾驶""物联网"等;或者是由学生自主生发,比如针对社区核酸检测用喇叭通知过于嘈杂、效率低的问题,学生用数字逻辑芯片制备了"居委会—居民"的定点叫号系统,这个芯片设计的过程涉及利用数学知识厘清逻辑、利用物理知识实现装置实体化、利用无线电技术实现信号传递的跨学科综合应用。学生在进行项目化学习的过程中,发展了多类学科能力,培养了创新意识,提升了科学思维,为今后升入高等院校进行更专业具体的学习打下扎实的理论与实践基础。

2.增强体验,强化氛围,为学生自主探究和发展"保驾护航"

为了增强学生的体验感,开阔学生的眼界,在课堂教学之外,学校也为学生搭建了多元的活动载体与发展平台,比如贯穿于整个高中阶段的"科技+"课题研究平台,基于"芯片科技教育"校本课程的支持,学生从高一开始便接受启蒙。

到了高二,学生可以自由选择学科教师作为导师,开展自己感兴趣的课题研究。学校的学科实验室、芯片教育学习体验中心全部对学生开放,只需提前预约,学生便可以进入其中开展实验。实验完成后,学校会组织研究报告撰写类的培训。通过两到三年持续性的学习、探究、实践、课题、实验、论文等六个阶段的推进,让学生在高中阶段增强对学科的兴趣、对专业的探索、对行业的认知。

三、硕果:赋能学生全面发展,芯片特色日益凸显

(一)赋能学生创新能力和综合素养的提升

位育学子通过"芯片科技教育"校本课程的学习,眼界得到了开阔,创造力获得了提升,在各类竞赛中崭露头角,获得了全国青少年信息学奥林匹克竞赛一等奖、首届长三角青少年人工智能奥林匹克挑战赛团体一等奖、第二届"荣昶杯"上海交通大学人工智能大赛团体二等奖、第三届"荣昶杯"上海交通大学人工智能大赛特等奖等奖项。越来越多的位育学子立志走进芯片产业,投身于国家科技创新发展事业。

(二)促进教师课程开发和跨学科教学能力的进一步提升

位育中学芯片教师团队在"芯片科技教育"校本课程的构建与实施中,通过芯片学习导师制、课题研究小组、校外教师学习社群等,在校内校外形成了不同的教师成长共同体。教师通过校本研究、行动研究、典型案例等方式,以研促教,提升了个人的专业研究能力,加深了对核心素养内涵的认识,提高了跨学科教学的能力,对于课程从宏观到微观上的把握也积累了丰富的经验。更难能可贵的是,教师在课程开发的过程中,成为与学生、与同事、与学校"芯芯"相惜的伙伴。

(三)发挥学校特色在区域内的引领作用

位育中学作为在高中阶段率先开发和实施"芯片科技教育"校本课程的学校,其社会知名度和办学影响力正在不断扩大。学校的芯片教育学习体验中心已成为徐汇区青少年活动中心的科普基地之一,每周接待区域内初、高中生进行微型课程的体验。寒暑假期间,芯片教育学习体验中心面向社区开放,让更

多的中小学生有机会了解芯片,为"芯苗"的接力培养充分发挥名校的引领作用。

四、行思:底蕴处立足,未来处着眼,绘就明日"芯"梦

习近平总书记多次强调,要不忘本来、吸收外来、面向未来,位育中学的芯片科技教育探索之路正是其生动写照。位育人将不忘初心、牢记使命,以学校丰厚的文化底蕴为基石,不断进行探索,为学生打造一片属于他们的芯片科创天地,实现科技强国的"中国芯"梦想。

着眼未来,位育中学将在建设教育强国的时代语境下,进一步锚定科技助力强国建设的价值导向,进一步在"芯片科技教育"校本课程的内容、模式、评价和师资队伍建设上进行整体提升:在课程内容上,进一步理顺不同课程群之间的逻辑关系,提升课程供给的丰富性;在教学模式上,充分遵循"以学生为中心"的理念,培养"实验出真知"的科学精神,探索更具实践性、开放性、体验性的课程实施路径;在课程评价上,建构多维度评价指标体系,丰富课程评价的具体策略;在师资队伍建设上,着力提升教师的专业技能,打造对创新有激情和有能力创新的跨学科教学团队。通过整体变革,进一步扩大芯片科技教育生态圈,更精准地建设芯片领域的青少年人才梯队,使位育中学的"芯片科技教育"校本课程成为普通高中创新课程的领先范式。

第五章 以"问题研讨式"为核心的校本深度教研项目

　　教研既是一种具有中国特色的教学改进制度,也是一种有效的教师专业发展方式,在深入推进课程教学改革、打造高素质专业化教师队伍的实践中持续发挥着重要作用。《关于加强和改进新时代基础教育教研工作的意见》中明确指出,教研工作是保障基础教育质量的重要支撑。这是对新时代持续加强和改进基础教育教研工作的整体性价值认知和行动导向。在教研制度的范畴体系中,校本教研作为一种紧密结合学校实际情况的,以实践为中心,以学习为载体,以旨在改善中小学教师实践为价值导向的研修模式,其价值越来越受到认可,应用也越来越广泛。①

　　教研活动是指教育工作者为了提高教学质量和教学效率所进行的教育研究和教学实践相结合的活动。这类活动通常包括课程设计、教学方法改进、教学评估、教育理论学习、教学观摩、教学研讨等多种形式。从实践的角度看,参与教研活动被广泛地视作教师专业发展的有效路径:教师通过参与教研活动,可以学到新的教学方法和技巧;可以了解最新的教育理论和研究成果,有助于更新教学观念;可以锻炼科研能力,提高解决教学问题的能力;可以更好地进行职业发展规划,提升个人在教育领域的专业地位;可以在团队合作中提高团队协作能力。

---

① 胡惠闵.从区域推进到以校为本:校本研修实践范式研究[J].教育发展研究,2010(24):61-65.

　　从我国课程教学改革发展的历史逻辑看,教研制度在促进课程教学改革和教师专业发展的实践中发挥了不可替代的重要作用。进入新时代,教研工作有待继续提质增效,特别是要加快建设高质量教育体系,强化教研工作的服务意识,突出全面育人和育人关键环节的研究属性,注重差异化指导,全力解决一线问题,促进教育均衡发展,发挥信息技术的作用,推动实证教研等方面的机制创新。[①] 伴随着这种趋势,教研工作的理念和路径正在持续转型,教研工作课程化、区域协同化、信息技术支撑、深度教研、精准教研等新的概念也在不断出现。

　　在我校看来,落实"双新"要求,核心是高质量教师队伍的建设,关键是引导教师领会"双新"传递的核心理念,掌握匹配"双新"要求的教学方法,这种理念的领会和方法的掌握,固然需要教师个体的主动学习和思考,但是更依赖于学校层面有效的教研活动。因此,从教师面临的具体任务出发,通过"问题研讨式"的方式打造校本深度教研体系,提升校本教研对于"双新"政策落实的支持价值和对于教师专业发展的提升价值,成为学校层面在"双新"改革过程中必须认真思考和解决的重要问题。

第一节　"问题研讨式"校本深度教研的理性思考

　　回顾我国基础教育改革发展的历程,教研制度作为一种具有中国特色的独特创造,其重要价值是不言而喻的。特别是21世纪初教研模式逐渐走向校本化之后,校本教研在学校层面整体优化改进教学、提升教师的"现场学习力"[②]、

① 刘莹,何成刚.新时代基础教育教研工作:历史贡献、困难挑战与思路对策[J].天津师范大学学报(基础教育版),2022,23(3):24-28.
② 王占魁.从"个体教学"到"集体教研"——论当代教师的现场学习力[J].教育发展研究,2013(4):19-23.

促进教师集群式专业发展等方面产生了积极的作用,并且已经发展成为广受教师认可、应用较为广泛的教师专业成长模式。从浅层化教研走向深度教研,是当前我国基础教育教研活动转型的重要思路。根据这一整体思路,我校建构了以"问题研讨式"为核心的校本深度教研体系,其基本的逻辑出发点有以下两个方面。

一、关于校本深度教研文献的梳理

教研是教学、研究的统称,教研制度是我国课程教学改革和教师队伍建设实践过程中建构起来的具有本土特色的话语方式和实践体系。它既蕴含了我国独特的文化、传统和教育认知,也创生了一种指向教学改进的理论与实践的融合范式。教研制度在实践中有不同的层次和样态,自我国第八次基础教育课程教学改革以来,学校层面的教研范式,即校本教研的构建越来越受到重视,成为教研制度研究和实践关注的焦点。

根据相关文献,我国对于校本教研的研究主要经历了以下两个阶段。

第一阶段主要是21世纪的前十年,这一阶段的研究主要关注的是对校本教研作为一种独特教研模式的概念阐释、特征分析和价值解读。代表性的结论有:校本教研是结合当前中小学课改实践和中小学教科研实际提出的一种崭新的教育理念;校本教研的目标和任务是促进学校发展、教师成长和学生发展;"为了学校""基于学校""在学校中"是"校本"的基本内涵;课程教学改革重心的下移和教师专业发展的实践需要凸显了校本教研的价值。这一时期的研究主要是整体介绍校本教研作为一种独特教研范式的内涵、特征、价值,这些研究的结论整体上呈现出较强的一致性,对于教育理论工作者和教育实践工作者整体把握校本教研的样貌具有重要的意义。

第二阶段起始于2010年左右,主要的研究任务是如何通过校本教研理念、思路、范式的转型来提升校本教研的实践效能。从整体上看,我国的校本教研是进入 21 世纪以来伴随着课程教学改革的不断深入,为加强教育教学校本研究实践、落实国家课程改革目标而逐渐发展起来的,因而校本教研的内容、理念、路径等与课程教学改革的发展趋势密切相关。① 近年来,研究者们对于校本教研的改革创新相继提出了一系列重要思路,例如:通过课程化的思路,以教研成果的课程转化方式来提升校本教研的科学化水平和实践效能②;通过跨学科教研方式的创新,最大程度地实现学科和教师间的优势互补,提升教师和教学的综合育人价值③;通过区域的整体性设计和推动,构建多学校联动的校本教研新模式,推动教研活动课程化实施和校本教研实效性的提升④;通过信息技术与教研活动的结合,以教研平台的网络化、教研资源的数字化和共享化、教研管理的自动化、教研活动的自主化和合作化等推动教研信息化建设,实现数据驱动的教研流程再造⑤;通过教研员角色的合理定位和专业素养的提升,整体提升教研活动的专业化水平⑥。这些改进的设想实际上都与课程教学改革的整体理论演进密切相关。

在校本教研的改革设计中,如何提升校本教研的实效性始终是关键命题。围绕这一关键命题的解决,深度教研、精准教研成为近年来广受关注的校本教研改革向度。深度教研是上海市中小学教研团队研发的一种旨在提升教研活动效能的区域化模式。它倡导从高度、广度、参与度等维度审视教研活动,强调通过教研主体的多维互动和教研工具的开发利用来提升教研活动的实效性,形成了螺丝钉形态的深度教研模型,同时注重通过借助信息技术的精准定位和关

---

① 马维林,王嘉毅.校本教研 20 年:主题演进、功能转型与组织优化[J].中国教育科学,2020,3(5):111 - 126.
② 葛炳芳.基于"课程化"思路的学校教研组深度教研——兼评杭州师范大学附属中学英语教研组的教研活动实践[J].教学月刊(中学版),2022(C6):97 - 100,105.
③ 王建良,冯霞.基于教学项目实施的跨学科教研[J].人民教育,2018(2):21 - 23.
④ 胡军,严丽.区域"教研活动课程化"的内涵与实践价值——以上海市虹口区为例[J].教育理论与实践,2015,35(2):44 - 46.
⑤ 黄堂红.教研信息化的内涵、意义及发展对策探讨[J].电化教育研究,2009(3):24 - 26,30.
⑥ 宋萑,田士旭.新时代教研员的角色定位与专业发展路径[J].人民教育,2019(21):21 - 25.

键环节的引导启发来实现教研对于教学的有效改进。① 进一步分析具有针对性的文献,我们厘清了深度教研作为一个独特的研究命题,以及通过"问题研讨式"的方式促进校本教研深度和有效性提升的价值。

(一)"问题研讨式"与校本深度教研

教师参与深度教研的根本动机是"自我提高的内驱力"。深度教研更重视教师的主体地位,更强调在教师的参与、交往、沟通和理解中实现教学素养的发展,更突出教师的创造性、建构性、自由意志与选择和教学德行等教育教学思想与策略的价值,更注重从"号召的理论"走向"行动的理论",更注意在教育教学实践中完成从"逻辑"向"事实"的迁移,让每一位教师都能全身心投入教研活动中,帮助教师构建真正意义上的精神家园和学习共同体,实现真正意义上的精神自由与文化自觉。

教师参与深度教研的驱动力一定是教研活动指向教学实际中的关键问题、指向学生学习中的关键问题。所谓"问题研讨式"校本深度教研是以教师在教育教学实践中遇到的问题为载体,引导教师在发现问题、提出问题、分析问题、解决问题的过程中自发自觉地进行研究,从而提高校本教研效益,促进教师专业成长。这一校本教研活动着重体现的是针对性、交互性和有效性,强调的是教师的自主学习和专家的专业指导,是教师自我专业化发展的重要保证。我校通过"问题研讨式"校本深度教研的方式努力促进教师专业能力的提升,形成了具有实践价值的教研成果。

综观国内外有关校本教研的研究,可以发现,专家学者从校本教研是什么、为什么要进行校本教研、如何实施校本教研、如何保障校本教研等方面进行了全方位的分析与研究,对学校指导一线教师开展校本教研活动发挥了重要作用,不过其中也有一些不足之处。

---

① 上海市教育委员会教学研究室.深度教研:从流程规范走向品质提升[J].人民教育,2022(19):63-67.

其一,缺乏对校本教研系统性和实证性的研究。目前已有的研究大多为对校本教研理论的探讨,或者是对一些学校开展校本教研活动成果的总结和不足之处的改进意见,缺乏对校本教研系统性和实证性的共性研究。校本教研是一种实践性较强的教育教学理论,只有将现有理论与教育实践相结合,才能更好地发挥校本教研的作用,在解决实际问题的同时丰富校本教研的理论。这就提醒我们在对校本教研进行研究时,要重点关注一线校本教研活动,在实践中发现校本教研活动存在的问题与不足并提出新的可行性建议。

其二,缺乏关于校本教研有效性的研究。目前已有的研究已经说明了校本教研的必要性,也从理论与实践、形式与内容等方面为校本教研活动的开展提供了依据,不过其中关于校本教研有效性的研究较少见。现在很多学校都在开展校本教研活动,可是效果如何却不得而知,那么进一步研究清楚"究竟什么样的校本教研机制才能更好地提高校本教研的有效性"这一问题就显得尤为重要。我校在参考校本教研理论的基础上,结合学校在开展校本教研活动中的实际情况,试图构建有效的校本教研机制。

(二)校本深度教研与教师专业发展

以"问题研讨式"这一形式推进教研工作时需要关注教研深度不足的问题。在实践中,教研深度不足表现为教研主题不明确、教师参与度不高等方面。例如:一些教研活动没有明确的主题,教研活动之间的关联性较弱,教师参与度较低;一些教研活动脱离实际问题,无法满足教师的现实需求。有研究者提出了深度教研的"螺丝钉模型",其关键性操作要素包括主题引领、内容分类、过程引导、团队支持、资源保障等。

前文已经提到,深度教研可以促进教师专业发展。教师专业发展指向教师的自主、多样、持续发展。促进教师专业发展是当前基础教育领域所面临的一个迫在眉睫的问题。随着我国基础教育课程改革的加速推进,教师的专业发展问题日益受到重视,并经历了从强调教师素质、适应岗位要求,到关注教师专业发展、提高教师工作能力的转变。教师提高自我专业发展的意识和能力,以便更有效地促进学生全面、健康发展,是新时代教师队伍建设的重要任务和目标,也是激发广大教师教书育人的积极性和创造性,形成师生才智充分涌流、学校活力竞相迸发的良好局面的重要举措。我校将"问题研讨式"校本深度教研看作教师专业发展的生长点,通过开展行之有效的校本深度教研活动,助力教师专业发展。

(三)"双新"改革背景与校本深度教研

为做好普通高中实施新课程、使用新教材的工作,切实加强对各地实施新课程、使用新教材的指导,提高普通高中育人质量,教育部发布了《关于做好普通高中新课程新教材实施工作的指导意见》。该文件指出,到 2025 年,"双新"理念、内容和要求全面落实到普通高中教育教学各个环节。此次由国家主导的"双新"改革,是一个系统化的改革举措,包括新课程方案、新课程标准、新教材、新教学方式、新评价和新高考(中考)等几个方面。

实施新课程、使用新教材对教师的专业能力提出了新的挑战。教师既需要在准确把握核心素养内涵的基础上增强课程开发与整合能力,提升育德能力和教学实施能力,提高利用信息化技术进行差异化和个别化指导的能力,又需要提升指导学生进行研究性学习、为学生提供学业规划的能力。普通高中学校亟须拓展教研路径、优化教研方式,为教师提供充分、随时、有效的教研和培训,全面提升教师专业胜任力,为实施新课程、使用新教材提供支持。

"双新"改革背景下的校本深度教研,旨在要求各学科围绕学校发展的重点难点问题,应用深度教研模式,进行系列化、深层次、持续性的研究与实践。同时,在学校层面,形成跨学科、跨学段、跨领域的教研团队,通过提炼学科的共性、分享学科的个性来解决问题和深化研究,通过更加规范、有品质的深度教研活动来提升教师的学科素养和专业能力。

二、关于我校校本教研现状的分析

在"双新"改革过程中,我校始终将实施新课程、使用新教材列为基础核心工作,以丰富、优质的课程,推动育人目标的实现,促进办学水平的提升。学校以教研组、备课组作为教育教学改革的基本责任主体。在校长室的统一领导下,学校修订了教研组、备课组的工作职责,对教研组、备课组在学科课程建设和学科课程教学中的责任作出了明确规定,让包括国家课程的校本化实施在内的一系列课程建设有了"落地生根"的工作机制。教研组、备课组在承担课程建设具体职责的过程中,也承担起了教师队伍建设的重要职能。"问题研讨式"校本深度教研活动正是以教研组、备课组作为主体开展的。

校本教研活动一直是我校进行教师队伍建设的重要抓手。我校以教研组、备课组和年级组作为教师队伍建设的基本主体,以一系列和教师发展各阶段特点相匹配的专项机制作为教师队伍建设的重要支点,其中"专项机制"包括新教师规范化培训、职初教师校本培训、"位育之星"青年教师大奖赛、骨干教师名师化发展机制等。

在推进"问题研讨式"校本深度教研的过程中,我校率先启动了语文学科的"'双自主发展'理念下高中语文单元驱动任务的设计与实施"和生物学学科的"基于'双新'的位育中学生物学'三实'课程研究"的学科实验项目,通过打造具有影响力的品牌学科,营造真实的学习情境,整合多样化的教学资源,培养学生的人文素养、科学思维和探究精神,拓展学生自主发展的空间,促进教师的深度教研和学生的深度学习。

在教育集团化办学的新形势下,我校迫切需要在教研活动的质量上再上新台阶。集团化办学能够提升核心校的办学内涵,对区域内的教育均衡发展有利。促进优质教育资源均衡发展,不仅要有好的师资队伍,还要教会教师为自己的课堂绘制"图纸",并将"图纸"落实到课堂里。"问题研讨式"校本深度教研项目的模式和经验,对集团内组成教研联合体、提升集团化办学品质具有重要意义。

第二节　"问题研讨式"校本深度教研的项目设计

从概念上说,深度教研是指在教研主题的引导下进行系列化、深层次、进阶性研讨,进而卓有成效地解决有关教育教学问题的过程。深度教研强调参与者充分发挥主观能动性,锲而不舍求真,和谐有序推进,以达到对教研主题深入解析、系列活动及环节有效落实、教师能力切实提升的目的。[①] 作为一种新的教研理念,深度教研的价值在于提升校本教研的效能,从而更好地发挥校本教研促进学校发展、教师成长和学生进步的作用。要实现这样的价值导向,就要加强校本教研对于"实践性问题"的关注,倡导通过问题的引领,形成教师共同参与的教研范式,真正提升教研活动的有效性。以"问题研讨式"为核心的校本深度教研项目,正是基于这样的思考进行整体设计的。

一、"问题研讨式"校本深度教研项目的研究内容

"问题研讨式"校本深度教研项目旨在解决以下问题:如何通过"问题研讨式"校本深度教研,解决实施新课程、使用新教材过程中发现的一些难以解决的问题? 如何通过问题的提炼和选择,实现校本深度教研活动的路径设计和实践方案? 如何评价校本深度教研活动的成效?

围绕上述核心问题,"问题研讨式"校本深度教研项目的研究内容体系如图5-1所示。

---

① 上海市教育委员会教学研究室.深度教研:从流程规范走向品质提升[J].人民教育,2022(19):63-67.

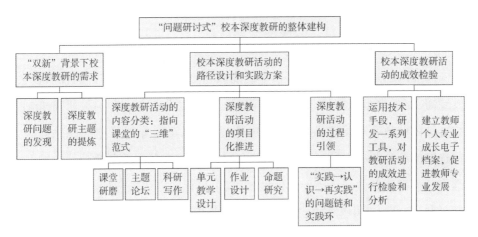

图 5-1 "问题研讨式"校本深度教研项目的研究内容体系

二、"问题研讨式"校本深度教研项目的研究思路

如何通过"问题研讨式"校本深度教研提高课堂教学效率、增强课堂教学活力是本项目研究的重点内容。无论是校本深度教研问题的发现、主题的提炼，还是内容的分类、推进的方式，都指向了课堂教学效率的提高和课堂教学活力的增强。我校通过实践探索，目前已经形成了课堂教学的基础样本，拥有了一定的项目研究基础。在"双新"改革的过程中，学校根据教育立德树人根本任务的要求，围绕"高效课堂"的建设，致力于推进教学方式的改革。"高效课堂"以单元学习方案的设计与实施为抓手，引导教师将传统的课时设计转换为主题式、任务式的单元设计，将传统的以教师为主体的教学设计转换为以学生为主体的单元学习方案设计，从而切实推进深度学习的研究与实践。在建设"高效课堂"的过程中，各学科以教研组、备课组为支点，形成了指向学科核心素养的培育，包含学习目标、学习情境、学习任务、学习过程、学习成果、学习评价等六个维度的单元学习方案和相关实践指南，为创设"高效课堂"提供了专业引领。在此基础上，学校进一步对本项目的研究思路进行了梳理和剖析，对以下两个方面重点进行了路径设计和流程再造。

（一）研究起点——问题的选择

选准问题是"问题研讨式"校本深度教研活动的先决条件。我校从社会发展需求、学校组织需求、教师工作需求三个维度分析了教师的教研需求,并结合具体的教育教学实践,通过组内研讨、典型案例分析等方式提出问题。在选准问题的基础上,对问题进行提炼,上升为校本深度教研活动的主题,相继设计校本深度教研活动的具体内容,以项目化的方式推进校本深度教研活动,同时在此过程中对校本深度教研活动的成效进行评估,从而进一步完善各项举措。"问题研讨式"校本深度教研项目的问题选择流程如图 5-2 所示。

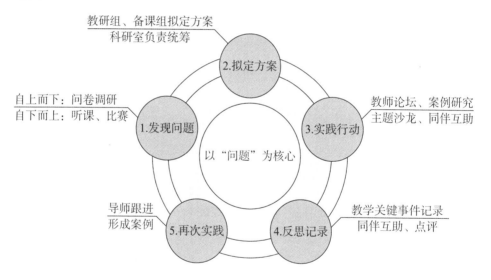

图 5-2 "问题研讨式"校本深度教研项目的问题选择流程

（二）研究流程——问题的解决

在确定好研究问题的基础上,"问题研讨式"校本深度教研项目以问题为导向,进入行动研究。针对共性问题,学校层面设计了指向提高课堂效率的研修活动,遵循"行动研究"与"理论推演"的逻辑,采取计划、行动、考察和反思的方式渐次深入研究。据此,我校提出了校本深度教研的"四个环节"的微观结构,即问题导向→案例分析→实践反思→素养提升。针对个性问题,教研组、备课组层面将问题分解为具体项目,转化形成系列性教研主题和与之对应的教学实践研究安排,基于相关安排生成了具体的课堂教学案例,并遵循"集体研究、提出预设→独立设计、集体备课→试教研究、集体磨课→交流展示、总结经验"的路径循环往复推进。每一个环节专门解决研究过程中的某个具体任务,一个环节由一次或几次专门的教研活动组成,全体项目成员均参与其中,承担相应职责,构成项目研究的共同体。无论是共性问题还是个性问题都遵循"实践→认识→再实践"的路径推进,最终在解决问题的过程中实现有效的深度教研。"问题研讨式"校本深度教研项目的问题解决流程如图 5-3 所示。

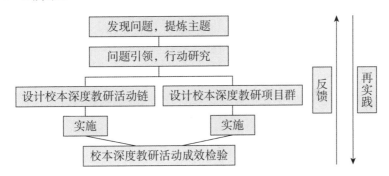

图 5-3　"问题研讨式"校本深度教研项目的问题解决流程

三、"问题研讨式"校本深度教研项目的研究方法

文献研究:通过中国知网等网站检索、分析与校本教研、"双新"改革、深度教研、教师专业发展、育人模式等问题相关的学术文献资料和政策文件,为项目的研究提供理论储备。

调查研究:通过对教师和学生的调查与访谈,了解教研活动的现状、教师对教研活动的需求、教师对当前存在的问题的困惑和反思,了解学生对课堂教学的需求和对课堂教学成效的反馈。

行动研究:通过行动研究,设计"问题研讨式"校本深度教研项目的研究模式与实施方案,并在实践中不断反思、完善直至成熟。

第三节 "问题研讨式"校本深度教研的探索成果

从实践的角度看,教研工作总是与教师的专业发展相关联的。在教育教学实践中,与教师素养相适应的方法和实践的缺乏,导致了教师认知与课程改革的不同步。这种情况迫切需要通过教研理念与范式的转型,打造能够适应新时代教育改革发展的高素质教师队伍。新时代教研工作具有不可替代的独特价值,而教研目标的事务性、教研内容的碎片化、教研实施的参与形式化和教研评价的空泛化降低了教研的有效性,教研工作需要转型发展。深度教研目标聚焦素养立意,教研内容追求完整知识,教研评价关注成就取向,有利于促进每一位教师的专业发展。[1] 因此,深度教研应该成为新时代校本教研转型发展的重要方向。据此,我校启动了"问题研讨式"校本深度教研项目的研究工作。自该项目启动以来,我校经过不断研究和实践,走出了一条扎实、高效的校本深度教研探索之路。

一、文化导引,打造校本深度教研生态场

良好的教研文化会以其潜移默化的渗透力影响教师的思想和行为,更会对教师的教育教学工作发挥引领、示范、启迪的作用。为了更好地开展"问题

---

[1] 邱子华,于海涛,陈国华.走向深度教研:新时代基础教育教研转型发展的路径选择[J].现代教育,2021(4):31-34.

研讨式"校本深度教研活动,我校一直积极创建良好、和谐、可持续的教研文化。

一是创设人文化的教研环境,形成多形态的"问题研讨式"校本深度教研学习共同体。在"双新"改革的背景下,教师亟须完成育人观念、教学行为的转变,教师的教育教学水平要能够与时俱进。我校提出构建深度教研共同体,就是希望以"分享、合作"的理念为核心,把教师联结在一起,通过资源、技术、经验、价值观等的分享与学习,实现共同提升。为了让教研活动更具适切性和针对性,我校充分发挥各学科教研组的纽带作用,规范组内教研机制,让教师"有备而来""有话可说""意犹未尽",增强学科教研的有效性。同时,我校创设了三种不同形式的深度教研共同体:由全校教师组成的"大教研组",由各年级教师组成的"年级教研组",由教师自发组成的"研究小组"。这三种不同形式的深度教研共同体是这样运作的:"年级教研组"是课程方案的最终落实部门,借年级教研之力,将课程实施过程中的问题捕捉出来;"大教研组"发挥"人多力量大"的优势,聚焦各年级教育教学过程中的共性问题,并以理论指导实践,帮助各年级的课程有序衔接;这些过程中产生的重点、难点问题,交由各学科教研组或者"研究小组"攻坚克难,形成经验后再推广。深度教研共同体能够发挥集体的力量,实现教育教学难题的突破,让教师在开放、和谐、共享、充满人文关怀的环境中得到提升。

二是创设基于信息化背景的智慧化教研环境。人的发展是师生创造的"源动力",为此学校需要努力打造智慧化的教研环境,以保障"问题研讨式"校本深度教研活动能够与时俱进,从而提升深度教研的效能。依托信息化大背景,我校充分运用信息技术和大数据,形成了"三层、四合、两发展"的智慧化深度教研模式。所谓"三层",即将教师分为基础层、骨干层和引领层,根据现有的信息技术水平,对不同水平的教师实行分层培训。所谓"四合",即四个结合:信息技术与学科教学相结合,信息技术与实际应用相结合,信息技术与教科研相结合,信息技术与竞赛、考核相结合。所谓"两发展",即信息技术理念与学科整合能力同步发展,教师的信息水平与学生的信息素养同步发展。据此,我校做了一些尝试,比如通过提升教师的数据分析能力,实现大数据分析下的教学精准施策。目前,我校已全面推广"安脉成绩分析系统"和"极课作业追踪系统",以期打破学科和年级壁垒,实现资源共建、成果共享。

二、路径导行,创建校本深度教研核心要素

为了保障校本深度教研能够顺利、有效地进行,我校从教研组层面、教师层面出发,从目标建设、制度建设、队伍建设三个方面构建了校本深度教研的保障机制。

在目标建设方面,以高品质顶层设计为引领,突出核心目标,绘制项目实施的总蓝图。我校把"善思、深研、自主、创享"作为"问题研讨式"校本深度教研活动的核心目标:"善思"体现了教研特点和促进学生思维发展的价值导向;"深研"体现了有合作、有深度的教研氛围和打造专业教师团队的发展目标;"自主"源自我校"双自主发展"的办学理念;"创享"体现了教师引领学生自主发展、师生相互成就的价值追求,强调"有创造力、乐于分享、尽享教学之乐、不断追求高品质教学"的教研生态的营造。

在制度建设方面,以高品质发展为目标,强化相关制度的建设,筑牢项目实施的"压舱石"。为了确保"问题研讨式"校本深度教研活动的有序推进、保证校本深度教研的效果、保障教研组的高品质发展,我校在教研组建设、教师专业发展、教学质量管理三个方面制定了相对完善的保障制度。在教研组建设方面,我校制定了《位育中学教研组考核标准和要求》《位育中学星级教研组评选方案》,将校本深度教研的完成情况作为评价指标。在教师专业发展方面,我校制定了《位育中学教师校本研修制度》,特别强调教师在校本深度教研活动中的过程性评价。在教学质量管理方面,我校制定了《位育中学学科指南编制要求》《位育中学学生学科学习水平评价方案》。

在队伍建设方面,以高品质师资队伍为根本,聚焦多种途径,打造"双新"改革新引擎。一是研培结合,加强教研组、备课组教师梯队建设。我校注重通过研培一体的方式加强各教研组、备课组的教师梯队建设。对于组长的选拔,既考虑教师的学术造诣和资历,又尽一切可能鼓励优秀的年轻教师担任组长,特别是备课组长。在实施新课程、使用新教材的过程中,我校选拔了一批教学方式受传统高考模式影响较小的年轻教师担任备课组长,让年轻教师在教研过程中发挥积极作用,突破原有以知识为主的育人方式,将教学重点落到学生核心素养的培育上。二是双向融通,实现本校教师团队与专家团队深度对接。我校建立了校内外联动机制,融合本校教师实践力和专家高质引领力。学校定期邀请市、区级学科专家、命题专家来校开展主题教研活动,分析各学科教研组的问题所在。例如,我校物理教研组参加了上海市教委教研室陆伯鸿团队的深度教研研究项目,通过深度教研工具,进行系列化、深层次、进阶性研讨以及高质量实践研究,解决相关教学问题。三是搭建平台,在交流展示中实现教学赋能。我校曾多次举办"问题研讨式"校本深度教研的市、区级教研活动,并进行了相关公开课展示。例如,语文教研组作为上海市语文学科代表接受教育部专家来沪进行的"双新"调研,语文、数学、地理、历史等学科教研组多次承办市级教研活动。

三、深挖内涵,构建校本深度教研新模式

我校有完备的学科教研工作机制和教研活动常态化、研训一体的教师发展机制。在"问题研讨式"校本深度教研的实际操作方面,我校教研活动实行"四定两评"的模式。"四定"是指定时间、定地点、定主题、定主讲人,以学期为单位,提前确定教研主题,让教师提前了解教研内容,进行充分思考;"两评"是指评过程、评结果,即既关注教研活动的过程,也关注教研活动的成效。

根据"四定两评"模式,我校对"问题研讨式"校本深度教研进行了进一步细

化。首先,对校本深度教研的"深度"进行了解读。"深度"包括:内容深度,即单一学科的"单独思维"转换为跨学科的"共性思维";形式深度,即按照"问题确定→共同体建立→共同体学习→交流分享→课堂实践→集体反思→教研再实践→成果展示"的路径推进深度教研;方法深度,即主动参与、多向交流、充分互动、深度研讨;效果深度,即重视教研活动的发展动力、影响力、吸引力和活力。其次,确定了校本深度教研的核心要素。核心要素包括教研团队、教研资源、教研主题、教研深度、教研评估、教研效果。再次,设计了校本深度教研"属性表"。将教研团队属性表、教研资源属性表、教研主题属性表、教研深度属性表贯穿于教研活动设计、实施、评估的全过程。在深度教研设计阶段,属性表能够让活动组织者明确教研活动各要素的设计要求;在深度教研实施阶段,属性表为教研活动的进程提供参照;在深度教研评估阶段,学校通过属性表对教研活动各要素的完成情况进行评估。最后,强调校本深度教研活动的规范性。通过策划预告单提前向教师公开教研活动的主题、资源、任务等信息,方便教师提前进行充分思考,做好参与教研活动的准备;通过要点记录单对教研活动的整体概况、实施过程中的重点内容、解决问题的过程和方法等进行提炼和记录;通过总结反馈单,结合教师参与教研活动的感想和收获,提出对教研活动设计和实施的完善建议。

在教研形式上,我校打破学科壁垒,定期开展"大文科""大理科"教研活动。文科教学之间有相通之处,理科教学之间也有值得相互借鉴的地方。我校特别注重跨学科教研,例如,我校举行了"大思政课"视野下的文科教学研讨会,融党史教育于文科教学之中,邀请专家作报告,并从教学实际出发,将党史教育和学科教育进行科学有效融合。

此外,我校实行教研组与备课组"双轨制"教研制度。教研组教研活动覆盖学科全体教师,备课组教研活动则分年级进行。教研组教研活动每两周进行一次,备课组教研活动每周进行一次,内容各有侧重。教研组教研活动相对"务虚",强调"大问题",侧重新课程标准的落地、新课堂教学模式的构建、教学重难点的研讨等；备课组教研活动相对"务实"，注重"小切口"，致力于实际问题的解决。例如，语文教研组集体研讨基于学科基地校平台的语文读写学习模式，高三语文备课组研究诗歌鉴赏复习备考中的"人"的鉴赏问题。

在具体的教育教学实践中，我校倡导教师基于学科特点，在学校整体开发的校本深度教研模式下，积极探索富有学科特点的学科教研体系。下文中的语文学科教研案例，展现了我校整体校本深度教研范式在学科教研中的创造性运用。

说不尽的"红楼"
——《红楼梦》整本书阅读主题教研活动

一、背景与设计

《普通高中语文课程标准(2017 年版 2020 年修订)》提出了"学习任务群"的概念，其中包括"整本书阅读与研讨"学习任务群。"整本书阅读"是一个既有传承又有新意的概念，在高中语文必修阶段集中出现。《普通高中教科书 语文 必修 下册》第七单元以中国古典文学名著《红楼梦》为基础进行整本书阅读，对教与学都形成了巨大的挑战。

《红楼梦》是中国古典小说的巅峰之作，具有不朽的艺术价值和深远的思想意义。小说情节结构纷繁复杂，人物形象鲜明独特，细节描写准确生动，艺术情境似真似幻，语言运用炉火纯青，主题意蕴多元浑厚。自问世至今，对《红楼梦》的研究代不乏人，研究成果形成了蔚为壮观的"红学"。对《红楼梦》进行整本书阅读的教学，既要借助已有的学术成果，又要兼顾学生的学习能力，从对情节和人物的把握、对"大观园"的感知、对传统文化的理解、对主题意蕴的探究等不同角度切入，以更好地实现学习目标。

自使用《普通高中教科书 语文 必修 下册》以来，我校语文教研组、备课组积累了较为丰富的教研资料和教研心得。在此基础上，语文教研组、备课组完成了两个和"《红楼梦》整本书阅读"相关的教科研项目：《红楼梦》整本书阅读的研读推进、《红楼梦》学习活动设计。

随后,语文教研组、备课组以"说不尽的'红楼'"为主题,继续开展校本深度教研活动,旨在通过语文教师之间的交流分享,聚焦"如何科学规划'《红楼梦》整本书阅读'的教学任务"这一问题,使之既有衔接又有突破,帮助学生形成适合自己的阅读策略,并经由对《红楼梦》的阅读,走向更广阔的文学名著的阅读世界。其中,2021级高一语文备课组在组长陶霞老师的带领下开展了有益的探索。

二、活动策划

(一)活动主题与参加对象

1. 系列活动的主题:说不尽的"红楼"

2. 参加活动的对象:学校语文组全体教师(线下、线上)

(二)活动场景

1. 2021级高一语文备课组牵头组织"《红楼梦》整本书阅读与研讨"活动

2. 围绕竺老师"一事异表:《红楼梦》人物语言描写透视"的教学设计开展深度研讨活动

(三)活动设计

1. 2021级高一语文备课组牵头组织"《红楼梦》整本书阅读与研讨"活动

(1)单元学习目标

① 借助小说的回目,概括小说的核心故事,梳理情节的发展脉络,了解小说的构思特点。

② 梳理小说的主要人物关系,从情节、人物、场景、语言等方面入手,分析主要人物形象的多样性和复杂性。

③ 分析小说日常生活描写中表现出来的丰富文化内涵,领悟小说的文化价值和社会意义。

(2)单元学习任务

① 把握前五回的纲领性作用。

② 抓住情节主线,结合双线编织故事的构思特点,理解"草蛇灰线,伏脉千里"的精妙构思。

③ 体会人物性格的多样性和复杂性,关注人物形象的塑造,把握主要人物之间的关系。

(3) 单元课时安排

课时安排	每课时学习主题和主要学习内容
课时 1	梳理架构,厘清关系:梳理小说的艺术架构,厘清人物之间的亲属关系。布置《红楼梦》阅读任务,阅读每一回后完成情节梗概、分享阅读感受、提出阅读疑问等
课时 2	探究前五回的作用:分析前五回对整本书主题、结构和叙述方式的作用与意义
课时 3	探究神话故事和判词的深意:解读前五回中的神话故事和判词,体会神话故事对人物个性和"宝黛"爱情的隐喻作用,感受贾家运势变化和众儿女的个性与命运
课时 4	借助线索,梳理情节:以"人物聚散"为线索回顾与整理小说的情节,梳理"宝黛钗"爱情故事的线索,体会《红楼梦》的青春主题
课时 5	借多元视角,观贾府兴衰:通过小说人物的视角了解小说的背景,欣赏小说采用人物的视角多角度、全方位、有层次地描写场景和人物的艺术手法,感受"一荣俱荣,一损俱损"的家族命运
课时 6	探究人物形象的塑造艺术:品味细腻多样的人物描写,探究人物的性格特征,评析人物的艺术形象。领会典型环境、改变视角、"对称"人物、正侧面描写在塑造人物形象上的作用
课时 7	小说人物语言描写透视:关注小说中叙事者和小说人物对同一事件的叙述有时存在差异的现象。通过比较叙事者和小说人物叙述的差异,更为准确地把握故事情节,更为深入地体察人物心理
课时 8	总结与延伸:对"《红楼梦》整本书阅读与研讨"活动进行小结,完成《红楼梦》主要人物卡片和"观'红楼人物'"文章

(4) 教学要点

① 凸显单元意识,关注各课时的关系。

② 设置情境任务,重视文本精读细读。

③ 以学生为主体,注重提供学习"支架"。

147

（5）优秀作业展示

① 个人或小组展示《红楼梦》主要人物卡片和"观'红楼人物'"文章。

② 解味红楼——优秀寒假作业展示。

③ 人物小报、话剧海报——优秀暑假作业展示。

2. 围绕竺老师"一事异表:《红楼梦》人物语言描写透视"的教学设计开展深度研讨活动

（1）竺老师介绍教学目标

① 引导学生发现《红楼梦》中小说叙事者和小说人物对同一事件的叙述有时存在差异的现象。

② 通过比较小说叙事者和小说人物之间叙述的差别,更为准确地把握故事情节,更为深入地感受人物心理。

（2）竺老师分享课后反思

① 从学生的读书笔记中发现学生存在一定程度的阅读偏差,这说明学生的阅读方法可能存在问题。

② 增强对小说细节的关注,可以更好地领悟作品的思想、体会作者的情感。

③ 可以根据学生在阅读过程中产生的困惑,参考叙事学研究的相关成果,提炼出具有迁移价值的阅读方法。

④ 在教学过程中,应充分考虑不同学生的学习能力和学习需求。

（3）竺老师提出教学思考

本课时设计与单元整体设计的关系是什么? 如何与其他课时更好地衔接?

（4）研讨成果

在竺老师"一事异表:《红楼梦》人物语言描写透视"的教学设计的基础上,参与教师进一步就"单个课时设计与单元整体设计之间的关系、课时之间如何衔接"的问题进行了研讨,并得到了以下研讨成果:

"整本书阅读与研讨"的教学要注重聚焦单元整体设计、关注课时有效衔接。"整本书"的"整",突出的是阅读的完整性和整体性。也就是说,要引导学生在整个故事情境中,理解文本中错综复杂的情节,认识文本中鲜活生动的人物,进而更好地领悟文本的中心思想。由于课时有限,因此为了让"整本书阅读与研讨"的教学起到更好的效果,进行单元设计时,要抓住文本的重点、关注具有纲领性作用的章节、抓牢文本的故事主线、聚焦文本的关键情节、解读重要人物的性格表现、鉴赏文本的语言表达。

（5）教学设计评析

竺老师"一事异表:《红楼梦》人物语言描写透视"的教学设计展现了具有较强可操作性的阅读方法,这是小说阅读教学要重点关注的方法。竺老师通过展示"一事异表",引导学生比较小说叙事者和小说人物之间叙述的差别,从而达到准确把握故事情节、深入体察人物心理的目的。

在这个教学设计中,为了让学生快速理解"一事异表"的含义,竺老师借助小说第十五回的片段对学生进行了引导。同时,为了让学生更好地理解和思考,竺老师还设计了其他几种引导方案,如准备了一些语段放在"锦囊"中,这样既让学生能够自由发挥,又降低了接受的难度,可谓一举两得。

（6）其他教师评价

① 孟老师:竺老师的教学设计,从小处说,能够帮助学生了解小说中人物的真实心理;从大处说,更是为学生把握小说的思想精髓提供了重要的视角。考虑到学生的差异,竺老师还巧妙地设置了语段"锦囊",给予学生必要的提示和帮助,起到了很好的教学效果。

② 周老师:竺老师设计的"一事异表"阅读法展现了比较阅读的方法,比较阅读法能够加深学生对故事情节、人物形象、人物关系、叙事手法和作品思想的理解。竺老师的"一事异表"阅读法是对"整本书阅读与研讨"教学的独特创见。

三、活动评价与反思

在"《红楼梦》整本书阅读与研讨"活动过程中,参与教师以"从真实困惑出发,回归整本书的局部细读"为宗旨,围绕竺老师"一事异表:《红楼梦》人物语言描写透视"的教学设计开展了深度研讨活动。

从高度上看,本次教研活动主题明确,聚焦教研核心要素,能够为新课程、新教材背景下的"整本书阅读与研讨"的推进提供一种可操作性较强的教学范式,进一步提升教学和教研质量。从教研主题的结构上看,本次教研活动以单元整体设计框架下的某一课时教学中所呈现的问题作为观察点,并加以研讨解决,这既是对前一阶段"《红楼梦》整本书阅读单元教学设计"教研活动的深入推进,共同构成对"《红楼梦》整本书阅读教学策略"系列教研活动主题的持续聚焦,更为下一阶段教研活动主题的优化提供了方向。从教研主题的选择上看,本次教研活动与"双新"改革背景下的教学理念相契合,教研主题源于实际教学过程中的真实问题,即如何从学情出发,有针对性地处理整本书阅读与局部细读之间的关系,这一教研主题的选择切中了教师普遍关注的教学难点。

从广度上看,本次教研活动重点突出、过程流畅且形式多样。相关组织者首先明确了本次教研活动的参加对象及其期望通过研讨想要解决的问题,综合考虑与系列教研活动主题的适配度、教研目标的达成度和教师的参与度,由此确定教研活动的方式和时间安排。本次教研活动参加对象广泛,除了有新教材使用以来参与"《红楼梦》整本书阅读与研讨"备课和教学实践的教师之外,还有初次面对新教材和"《红楼梦》整本书阅读与研讨"备课和教学的新教师。本次教研活动的研讨内容,包括单元下具体案例的课前设计调整、课堂教学演绎、课后评课交流,同时也关注三个年级语文备课组之间教学经验的沿袭与创新。

从参与度上看,参与本次教研活动的语文教师态度积极,分工明确,从线下到线上,从活动主持到课堂演绎再到评课反思,不仅一起探讨研究整个单元的教学设计,而且分工合作完成了各个课时的教学设计和相应的教学活动安排,高质量地完成了"《红楼梦》整本书阅读与研讨"的深度教研活动,让各位语文教师对"整本书阅读与研讨"的教学有了更清晰、更深刻的认识。尤其是竺老师

"一事异表"的教学设计,启发各位语文教师在"整本书阅读与研讨"的教学过程中,要关注学生阅读的差异性,并且学会运用比较阅读和文本精读的方法,引导学生关注文本整体与局部的关系,帮助学生加深对文本的理解。此外,在本次教研活动中,参与者能够很好地聚焦教研主题,借助教研工具表达意见,如通过"教研活动要点记录单"记录引发教师交流和讨论的关键内容。本次教研活动形成了良好的研讨氛围,是打造"教研共同体"的有益尝试。

根据本次教研活动中收集到的"教研活动要点记录单",可以发现,参与教师在教研活动的不同环节均有所收获,并能结合自身教学实践进行反思。例如,参与教师通过竺老师介绍的"一事异表"比较阅读法,了解了"整本书阅读与研讨"教学中的"以小见大""深入浅出"的教学方法,并能关联到日常教学中,和其他教学方法进行对比、整合,从具体教学环节入手分析教学问题链的设计与学生学习过程中实际问题之间的关联性,从教案反复斟酌之处入手,思考在"整本书阅读与研讨"教学"重活动、轻文本"的现状下,如何提供给学生可操作性更强的阅读策略,以及如何有效地为学生搭建学习"支架"、落实过程性评价等问题。此外,参与教师还就"一事异表"的设计提出了自己的建议。例如,对于"一事异表"的"异"的类型、"一事异表"的原因还可以作进一步细分。

值得一提的是,本次教研活动中的深度教研工具"教研活动要点记录单",为教师设计教研活动提供了基本的引导,使教研活动过程可视化、参与者思考过程可视化。借助"教研活动要点记录单",参与者能够在教研过程中更好地进行针对性学习和持续性思考,组织者能够从活动主题、活动环节、已解决的问题和未解决的问题几个方面对教研活动的开展情况进行审视和把关。在以后的教研活动中,可以进一步通过教研工具的使用,帮助教师明确研讨视角和研讨路径,提高教师的参与意识和分析能力,引导教师有针对性地提出自己的思考、质疑和建议,以便在日后的教学过程中加以改进。

开展校本深度教研活动是推广教学成果的有效方式,本次教研活动并没有止步于"经验的分享",而是在深度教研中实现了从个别经验到共性认识、从理论到应用的突破,同时也为之后的"整本书阅读与研讨"教研活动的主题指明了方向。例如,如何优化课时之间、课时与单元之间的关系,如何有效引入叙事学理论提高学生长篇小说的阅读能力,如何处理长篇小说整体与局部的关系,如何在有限的课时里为"整本书阅读与研讨"的教学提质增效,等等。

四、"三课"联动,实现高品质教研成效

在"问题研讨式"校本深度教研项目推进的过程中,离不开课程、课题、课堂"三课"联动。

"问题研讨式"校本深度教研应体现在对国家课程进行的"二次开发"上。为了更好地实现"问题研讨式"校本深度教研活动的路径和内容的深度,在实施新课程、使用新教材的过程中,教研组要充分发挥创造力,在保证国家课程目标不降低、课程内容不减少的情况下,基于学生的学习规律和身心发展规律,根据学生学习和学校的实际情况,对国家课程进行二次开发。比如,我校生物学教研组在进行"物质出入细胞的方式"的教学时,对新课程和新教材所设定的学习目标进行了细化和延伸,对学习内容进行了适当调整。针对"概述细胞膜控制物质进出细胞的功能"这一学习目标,进一步要求学生理解"细胞膜控制物质进出细胞的结构基础"。同时,增加了观察分析"3D蛋白质结构"的内容,打通了分子层面和细胞层面的知识衔接,引导学生用科学本质的视角去观察和思考生命现象。又如,语文教研组要求学生从高一开始,每周阅读1~2篇与课文或者作者相关的文章,帮助学生拓宽知识面、深入理解课文。这项周读作业贯穿于整个高中学习过程中,潜移默化地提高了学生的核心素养。

在"问题研讨式"校本深度教研过程中,还应充分发挥课题的引领作用,挖掘、研讨教育教学问题,实现教研活动的专业性和规范性。在"双新"改革的大背景下,我校认为,教师应主动思考并解决教育问题,由问题到课题再到课程,从理念到思维再到行为。基于此,我校鼓励各教研组在教育教学实践中发现问

题,进行问题研讨,而要将问题研讨落实,能够真正有所收获,还是要依托课题的引领作用。我们惊喜地看到,在学校"问题研讨式"校本深度教研项目的指引下,各教研组的学科课题纷纷涌现。值得一提的是,我校生物学教研组正在创建徐汇区学科基地,教研组将研究重点确定为"基于'双新'的位育中学生物学'三实'课程研究",其中"三实"指基于课堂实践、研究经典实例、提升教学实效。在这一课题的引领下,组内教师将研究进一步分层、细化,形成不同的项目小组,并积极申报了多项区级研究项目,其中包括"基于生物学学科核心素养的情境教学与作业设计研究""新课程、新教材背景下聚焦大概念的教学策略研究""指向生命观念形成和发展的高中生物学单元学习活动设计的实践研究"等。

此外,以"问题研讨式"为核心的校本深度教研要将教研成果体现在一线课堂上。课堂是实施新课程、使用新教材的主要场所,教师能否通过有效的教研提升课堂教学效果,加深学生对知识的理解,帮助学生实现自我发展,引导学生体会学习的乐趣,是教研成果能否成功转化的关键。我校认为,实施新课程、使用新教材的课堂要"强责任、强主体、强思辨、强实践",每一个"强"都指向教师和学生两个方面:"强责任"是指强化教师职业责任感,强化学生学习的理想信念;"强主体"是指强化教师在课堂教学中的主观能动性,强调学生在课堂中的主体地位;"强思辨"是指教师要善于反思与改进,学生要具备批判精神和思辨能力;"强实践"是指教师要关注实践教学,学生要在实践中提升综合素质。

五、突出过程,探索校本深度教研评价方式

在开展"问题研讨式"校本深度教研活动时,应抓好评价环节,充分发挥评价对教研的导向激励作用。我校从教师和学生的角度设计了以下三种评价:一是对教研组的评价。在每一学年结束时评选"星级教研组",评选时根据教研组当年的教学实绩、科研成果、示范作用等方面进行综合评估。二是对教师的评

价。通过"新教师亮相课""青年教师赛课""骨干教师示范课"等方式,对教师的专业水平进行分层次评价。三是对学生的评价。从德智体美劳五个维度对学生进行评价,同时采用学生成长档案袋的形式,一生一档。

我校也注意到教、学、评的一致性问题,只有实施多样化的过程性评价,而非单纯的结果性评价,才能真正激发教研的活力、激发教师的积极性。据此,一方面,我校构建了"随堂听课→跨学科交流→跟踪式反馈"的评价模式,即教师不仅要随堂听课,还要跨学科交流,更要跟踪式反馈。"随堂听课"重在听课的频度,"跨学科交流"重在听课的广度,"跟踪式反馈"重在听课的质量。该评价模式注重听课评价,确保听课教师能够及时反馈听课感受,使听课者和上课者都能有所收获。另一方面,我校还正在尝试通过"学科视导""年级视导""德育视导""学生满意度调查""学生作业情况调查"等方式,强化过程评价,探索增值评价,促进教研组和教师的发展与提升。

六、聚焦素养,以深度教研促进深度教学

在落实"双新"要求的过程中,我校对"问题研讨式"校本深度教研的内涵和重心进行了持续挖掘,在系统建构"问题研讨式"校本深度教研体系的同时,充分关照课堂教学,提出了"深度教学"的理念,打通了深度教研和深度教学的内在逻辑关系,以期充分发挥深度教研对素养导向的深度教学的促进作用。围绕深度教研、深度教学和学生核心素养的培育,我校形成了三个基本认识。其一,深度教学是新时代课程教学改革的指针。《普通高中课程方案(2017 年版 2020年修订)》中明确提出,中国学生发展核心素养是党的教育方针的具体化、细化,各学科基于学科本质凝练了本学科的核心素养,明确了学生学习该学科课程后应达成的正确价值观念、必备品格和关键能力。据此,学生核心素养和学科核心素养的培育和提升,正式成为新时代高中阶段课程教学必须遵循、贯彻的指针。其二,深度教学是培育学生核心素养的必由之路。深度教学是基于知识的

内在结构,通过对知识完整深刻的处理,引导学生从符号学习走向对学科思想和意义系统的理解和掌握。它要求学习者深度理解知识内涵,主动建构个性化的知识系统和意义系统,追求在获得知识意义、建立学科思想、发展学科能力、丰富学科经验的基础上养成学科核心素养。其三,深度教学是突破学校发展"瓶颈"的抓手。我校紧紧抓住国家课程改革的契机,在课堂教学中创造性地落实新课程标准的教学要求,以深度教学改革,进一步促进学生核心素养的提升和学校办学质量的提升。深度教学是打破学校发展"瓶颈"、增强学校内生式发展动力的绝佳突破口。

基于这样的认识,深度教学的教学模式是我校重点研究的问题。根据学校的实际情况,我校进一步提出了"系统深化"的教学模式,即在教师、学生与知识这三大要素的作用下,通过"课前→课中→课后"三个阶段的衔接与循环,实现师生的层级式发展。首先是课前阶段,涉及教师对知识的获取,应"转识成智",充分展现教师知识的合力;其次是课中阶段,涉及教师对学生知识的传授,应"化静为动",摆脱工具性教学的"枷锁";最后是课后阶段,涉及学生对知识的吸收和教师对教学的反思,应"由浅至深",跨越表层化学习的"围墙"。通过不断循环内化至深,最终实现师生的层级式发展。

在具体的实践中,我们发现,深度教研能够有效促进深度教学。深度教研可以激发教师课堂教学的热情,增强教师创造性贯彻执行新课程标准的意识,提升教师的专业发展水平,形成具有借鉴意义和推广价值的学校经验与范例。借助"问题研讨式"校本深度教研体系,我校着重通过以下五个方面,进行深度教学的实践探索,以期实现深度教研向深度教学的实践转化。

(一)基于价值引领的教学

教育部印发的《关于全面深化课程改革 落实立德树人根本任务的意见》指出,要把个人修养、社会关爱、家国情怀放在各学段学生发展核心素养体系的突出位置。中国学生发展核心素养规定的六大核心素养也都不约而同地指向了价值观。可见,价值观不仅是"21世纪核心素养"的核心,更是推动社会主义核心价值观落地落实的抓手。

在"问题研讨式"校本深度教研项目的推进过程中,我校始终坚持立德树人的根本任务,立足学科特点,找准各学科价值引领的渗透点。坚持价值引领、素养导向、能力为重、知识为基,不断推进指向学生深度学习的深度教学和深度教研。

(二) 基于真实情境的教学

核心素养离不开知识和技能,但单纯的知识和技能又不等于核心素养。只有在复杂的情境中解决实际问题时所形成的知识和技能,才是核心素养。为此,我校在深度教学的实践中,立足"教学即情境"的观念,引导教师在课堂教学中构建真实的甚至是复杂的情境,在情境中实现知识的掌握、技能的提高和核心素养的培育。

(三) 基于高质量问题的教学

在构建起真实教学情境后,采用具有高阶思维导向的问题设计,是将情境与教材有机衔接的有效途径。高质量问题既是连接情境与教材的"桥梁",又是培养学生的理性精神、开放性意识、批判性思维、创新能力的"催化剂"和"助推器"。

基于核心素养的教学应该是基于问题的探究性教学,教学的重心是问题的发现、分析和解决。基于问题的探究性教学的最高境界是引导、鼓励学生提出高质量问题。我校在深度教学的实践中,立足课题教学中的"大问题、主问题、核心问题、高阶思维问题"的方向性指引,推动问题从单一走向综合、从封闭走向开放、从"一对一"走向"一对多"、从知识的记忆巩固走向问题的深入探究、从浅层思维走向高阶思维,从而培养学生的质疑精神、批判性思维和创新能力。

（四）基于知识整合的教学

随着社会的快速发展,解决社会问题、实现社会价值具有更多的复杂性和不确定性,需要调动多方面的知识和技能,仅仅依赖某一个学科的精雕细琢已远远不够。因此,开展学科内的整合性教学和跨学科的复合型教学,是培养学生的综合思维能力、知识迁移能力、跨学科解决复杂问题能力的重要途径。例如,我校依托"芯片科技教育"校本课程,将学科融合不断推向深入。

（五）基于"微课题"的教学

基于"微课题"的教学是指学生在教师的指导下,将学科的"大观念"转化为"微课题",将研究课题与真实情境联系起来,以独立研究或小组合作的形式,运用批判性思维对研究课题进行系统而深入的研究,形成自己的学科解释或理解,发展学科素养。我校针对学生特点和实际情况,结合教学内容,开展了基于"微课题"的研究性教学。

除了关注教学本身之外,我校根据"双减"等政策的要求,引导教师从作业设计的角度入手,丰富深度教学的方式,发挥深度教研的作用。作为学生有效利用课余时间的一种途径,作业的质量很大程度上影响着学生的发展。研究作业设计、建立正确的理论基础,对于提高课堂教学质量、促进课程目标的实现有着重要的意义。[①] "双新"改革也明确对作业的设计和实施提出了新的要求,在这样的背景下,十分有必要鼓励教师开展有关作业设计的研究和探索。

以下案例是我校和上海中学、上海市南洋模范中学语文学科组教师,联合组队参加 2021 年上海市中小学优秀作业、试卷案例评选的作业设计。（节选,略有改动）

---

① 杨伊,夏惠贤,王晶莹.我国学生作业设计研究 70 年:回顾与展望[J].教育科学研究,2020(1):25-30,54.

《短歌行》《归园田居(其一)》第二课时

预 习 作 业

1.请诵读《归园田居(其一)》,用"/"划分朗读节奏,用"_"标出诗歌的韵脚。

少无适俗韵,性本爱丘山。误落尘网中,一去三十年。

羁鸟恋旧林,池鱼思故渊。开荒南野际,守拙归园田。

方宅十余亩,草屋八九间。榆柳荫后檐,桃李罗堂前。

暧暧远人村,依依墟里烟。狗吠深巷中,鸡鸣桑树颠。

户庭无尘杂,虚室有余闲。久在樊笼里,复得返自然。

诗歌的押韵特点是_____

_____

_____

2.请根据你对诗歌所塑造的意境的把握,绘制一幅你心中的陶渊明的田园图。

《短歌行》《归园田居(其一)》第二课时

课 后 作 业

1.《短歌行》每四句换一次韵,为"一解",全诗共八解,情感起伏变化,但有人认为"意多不贯"。如唐代欧阳询把此诗删去四解录入《艺文类聚》。明代谢榛对此也表示认同:"欧阳询去其半,尤为简当,意贯而语足也。"删改版本如下:

对酒当歌,人生几何!

譬如朝露,去日苦多。

明明如月,何时可掇?

忧从中来,不可断绝。

月明星稀,乌鹊南飞。

绕树三匝,何枝可依?

山不厌高,海不厌深。

周公吐哺,天下归心。

你认为删改是否合适? 为什么?

_____

_____

_____

_____

2.请具体赏析《归园田居(其一)》写景的特点。

_____

_____

_____

_____

3. 如何理解《归园田居(其一)》中"复得返自然"的"自然"?

4. 小胡同学在初中学过《归园田居(其三)》,现在学了《归园田居(其一)》后,又找来组诗中的其他几首进行阅读,由此产生了以下的问题:

(1)

归园田居(其二)

野外罕人事,穷巷寡轮鞅。

白日掩荆扉,虚室绝尘想。

时复墟曲中,披草共来往。

相见无杂言,但道桑麻长。

桑麻日已长,我土日已广。

常恐霜霰至,零落同草莽。

陶渊明的田园生活是平静无扰、隔绝"尘想"的,那么如何理解诗歌结尾的担忧呢?

(2)

归园田居(其六)

种苗在东皋,苗生满阡陌。

虽有荷锄倦,浊酒聊自适。

日暮巾柴车,路暗光已夕。

归人望烟火,稚子候檐隙。

问君亦何为,百年会有役。

但愿桑麻成,蚕月得纺绩。

素心正如此,开径望三益。

小胡同学查阅资料发现:对于这首诗的作者是否为陶渊明存在争议。苏轼赞同是陶渊明原作,因"渊明诗初看若散缓,熟看有奇句",特举"日暮"以下四句赞扬;宋代严羽《沧浪诗话》却认为:"然其体制气象,与渊明不类。得非太白逸诗,后人谩取以入陶集耶?"请根据你对陶渊明诗歌的了解,与小胡同学分享一下你的看法。(此题为选做题)

_____

_____

_____

_____

_____

《登高》《琵琶行》第二课时

课 后 作 业

1.《登高》是杜甫名篇,有多个版本的英译本,其中弗莱彻、宾纳、宇文所安、许渊冲、朱纯深、吴钧陶六位译者的译本比较有代表性。六人用词各有特点,以诗中的几个意象的翻译为例:

译者	意象				
	风	天	渚	鸟	落木
弗莱彻	wind	sky	isles	seagulls	falling leaves

（续表）

译者	意象				
	风	天	渚	鸟	落木
宾纳	gale	sky	lake	birds	leaves are dropping down …
宇文所安	wind	heaven	isles	birds	trees shed leaves
许渊冲	wind	sky	water	birds	forest sheds its leaves
朱纯深	gusty winds	sky	islets	birds	leaves fall
吴钧陶	winds	heaven	hursts	birds	forests shed leaves

译者需要在体会、理解原作的基础上加以转化，为原作找到最佳的艺术表现形式。请选择上表五个意象中的一个，试着从诗歌意境的角度出发，对其各个翻译版本进行点评。

_____

_____

_____

_____

_____

2. 宋代词人叶梦得在《石林诗话》说："诗下双字极难，须使七言五言之间除去五字三字外，精神兴致，全见于两言，方为工妙……要之当令如老杜'无边落木萧萧下，不尽长江滚滚来'。"双字即叠字，请从叠字角度赏析《登高》颔联。

_____

_____

_____

_____

3. 探究《登高》之"悲"。

（1）《登高》颈联中"悲"字颇有深意。你和同桌经过讨论，把颈联改写成如下格式。请你结合诗句为图示写一段解说，帮助其他同学理解。

作客 　登台

常作客 　独登台

秋时常作客 　病中独登台

悲秋时常作客 　多病中独登台

万里悲秋常作客 　百年多病独登台

_____

_____

_____

_____

(2) 对《登高》尾联,沈德潜给出了"结句意尽语竭,不必曲为之讳"的评价,施蛰存解释为"此诗最后两句没有结束上文、表达新的旨意。勉强凑上一联,实际是话已说完。这是一个缺点,不必硬要替作者辩护"。你同意他们的观点吗?请结合全诗,说说你的看法。

_____

_____

_____

_____

_____

4. 阅读《琵琶行》并完成如下任务。

(1) 小徐在艺术课上学习了电影艺术术语"蒙太奇①",他发现《琵琶行》也运用了"蒙太奇"似的表现手法,最终取得了近似电影的艺术效果。为此,小徐萌生出把《琵琶行》改编成微电影的想法,并邀请你为诗中与"江""月"相关的诗句写一个脚本。请模仿表格中示例任选一句完成。

[注释] ①蒙太奇:通过剪辑拼接一个个孤立的镜头,使得镜头内容间的关系符合人们的认知规律和艺术审美,最终构成一部完整的影片。

	示例	你的脚本
诗句	东船西舫悄无言,唯见江心秋月白	
景色类别	远景	
色调	江水清澈,明月相映,色调惨白	
镜头画面	画面中,水中月影是主景,天上明月是次景。水面上间或有因微风而起的波纹,船微微晃动。画面中伴有琵琶的余音,最终归为安静	
预期效果	观众仿佛身临其境,同诗人一起沉浸在琵琶女演奏的曲调和自身被贬的幽愁暗恨之中	

(2) 请结合具体诗句,从修辞手法的角度赏析本诗的音乐描写。

_____

_____

_____

_____

(3) 请思考并回答:诗人为何要花大量笔墨描写音乐?

_____

_____

_____

《念奴娇·赤壁怀古》《永遇乐·京口北固亭怀古》第一课时

课 后 作 业

1. 暑期社会实践中,小徐和小汇分别参观了某历史文化名人纪念馆,两人各摘录了一副对联,请根据对联内容推测他们各自参观的是哪位历史文化名人的纪念馆,并分别写出这些历史文化名人的字、号。

小徐同学摘录：

上联：力挽河山，浩气贯日月，空余英雄心一颗；

下联：名垂宇宙，文光射斗牛，剩有悲壮词千篇。

历史文化名人：_____，字_____，号_____。

小汇同学摘录：

上联：纸落云烟自有清才对风月；

下联：墨翻衫袖不妨便腹贮书诗。

历史文化名人：_____，字_____，号_____。

2. 小汇同学在学习完《念奴娇·赤壁怀古》后，设计了如下表格，对该词中写景和咏史的内容进行梳理，请你帮他完成表格。

	诗句	特点
景物	大江东去、_____ 	
人物	周郎：_____ 	
	_____：_____ 	多情、_____

3. 小汇同学在搜集资料时发现了一首南宋词人戴复古的《满江红·赤壁怀古》，这首词中也提到了周瑜，请你帮他分析，这首词和苏轼的《念奴娇·赤壁怀古》中吟咏周瑜的作用有何异同？

满江红·赤壁怀古

戴复古①

赤壁矶头，一番过、一番怀古。想当时，周郎年少，气吞区宇。万骑临江貔虎噪，千艘列炬鱼龙怒。卷长波、一鼓困曹瞒②，今如许？

江上渡,江边路。形胜地,兴亡处。览遗踪,胜读史书言语。几度东风吹世换,千年往事随潮去。问道傍、杨柳为谁春,摇金缕。

[注释]①戴复古:南宋词人。其时南宋小王朝偏安一隅、苟且求存,抗金少有胜利。②曹瞒:曹操小名阿瞒。

_____

_____

_____

_____

_____

4. 学完《永遇乐·京口北固亭怀古》,小汇同学有感于京口(今江苏省镇江市京口区)深厚的历史文化底蕴,很渴望亲自到那里游览一番,于是他设计了一张京口当地历史文化事迹的梳理汇总表,以便日后前往游览时参考。请你帮他完成下表。

地点	历史人物	朝代	事迹
京口	孙权		
	刘裕		
	刘义隆		
	拓跋焘		

5. 小汇同学发现,辛弃疾《永遇乐·京口北固亭怀古》上阕所用的两个典故都表达了作者对英雄的仰慕之情,并借以表达作者抗金复国的雄心壮志和对主和派不愿发兵抗金的含蓄讽刺。请思考并回答:连用两个情感和意图相近的典故,是否重复?

_____

_____

_____

_____

6. 小汇同学查阅资料后发现,辛弃疾《永遇乐·京口北固亭怀古》下阕首句中的三处用典,并不是按照史实发生的时间先后顺序排列的,请看下表:

用典诗句	出处和相关史实	史实发生的时间
元嘉草草	此指宋文帝刘义隆任用王玄谟为先锋,进行第二次北伐,却惨遭失败	宋文帝元嘉二十七年(450年)
封狼居胥	出自《宋书·王玄谟传》:"闻王玄谟陈说,使人有封狼居胥意。"	宋文帝元嘉二十六年(449年)
赢得仓皇北顾	此指刘义隆第一次北伐失败,出自刘义隆《元嘉七年以滑台战守弥时遂至陷没乃作诗》:"惆怅惧迁逝,北顾涕交流。"	宋文帝元嘉七年(430年)

请思考:作者将宋文帝北伐不同时段的史实杂糅嫁接为一句,是否显得不够严谨?请阐述你的观点和理由。

_____

_____

_____

_____

7. 请阅读下面词作,并回答问题。

菩萨蛮·书江西造口壁①

辛弃疾

郁孤台②下清江③水,中间多少行人泪!西北望长安④,可怜无数山。

　　青山遮不住,毕竟东流去。江晚正愁余,山深闻鹧鸪。

[注释] ①这首词为宋孝宗淳熙三年(1176 年)作者任江西提点刑狱,驻节赣州、途经造口(在今江西省吉安市万安县南六十里处)时所作。关于此词之发端,罗大经《鹤林玉露·辛幼安词》认为:"盖南渡之初,虏人追隆祐太后御舟至造口,不及而还。幼安自此起兴。"②郁孤台:在今江西省赣州市城区西北部贺兰山顶。③清江:赣江和袁江合流处旧称清江。④长安:即今陕西省西安市,汉唐时的京城。这里借指北宋国都汴京(今河南省开封市)。

此词与辛弃疾的《永遇乐·京口北固亭怀古》所抒发的情感有何不同?请简要回答。

_____

_____

_____

_____

8. "词话"是评论词、词人、词派以及有关词的本事和考订的著述,始于宋代,如王国维的《人间词话》、陈廷焯的《白雨斋词话》就是著名的词论专著。请在以下两题中任选一题回答。

(1) 王国维在《人间词话》中评苏轼、辛弃疾词曰:"东坡之词旷,稼轩之词豪。无二人之胸襟而学其词,犹东施之效捧心也。"请结合本课所学的苏轼、辛弃疾的具体词作,谈谈你对王国维评价的理解。

_____

_____

_____

_____

_____

（2）陈廷焯在《白雨斋词话》中评苏轼、辛弃疾词曰："苏、辛并称,然两人绝不相似。魄力之大,苏不如辛;气体之高,辛不逮苏远矣。"你认同这一观点吗?请结合本课所学的苏轼、辛弃疾的具体词作谈谈你的看法和理由。

_____

_____

_____

_____

9. 请任选本课豪放词中的一首,将其改写为散文,要求:基于词作内容,展现出词人的精神世界、社会思考和人生感悟,不少于500字。（此题为选做题）

_____

_____

_____

_____

_____

第六章 "学科导师制"多维育人模式建构项目

在当前教育背景下,教师除了要"传道、授业、解惑"之外,还应该具备更加多样化、时代化的素养,以满足时代发展的需要。[①] 在与教师相关的诸多工作和责任界定中,"育人"始终是教师最应该关注和投入的方面,是教师工作的核心内容和价值体现。习近平总书记多次强调,要坚持把立德树人作为中心环节,把思想政治工作贯穿教育教学全过程,实现全程育人、全方位育人,努力开创我国高等教育事业发展新局面。这实际上是明确提出了"三全育人"的理念。"三全育人"不仅是一项工作改革要求,还是一种文化现象,凝聚着丰富的文化意蕴,推进"三全育人"综合改革具有深远的文化渊源、丰富的文化资源、内在的文化要求和鲜明的文化取向。[②] 尽管"三全育人"的理念是针对思政教育改革的一种独特设计,但是其所传递的精神和价值,实际上是对教师育人主体价值回归的呼吁,也就是说,处于新时代的教师,不仅需要承担学科教学的基本职责,也要做好"人师",更好地引领学生成长。要更好地呼唤教师育人意识的觉醒,更充分地发挥教师工作的育人作用,就需要有相应的载体,"导师制"正是一种在新时代教育改革发展场域中重构教师身份、实现教师育人价值回归的有效设计。

教师的育人价值,根本上源自教育立德树人的根本任务。把立德树人作

---

① 王晓倩.论"育人为本"的教师核心素养[J].淮南职业技术学院学报,2019,19(2):71-73.
② 温小平,陈日风."三全育人"综合改革的文化意蕴及其育人理路[J].思想教育研究,2022(5):143-148.

为教育的根本任务,带来的是教育理念、教育目标、教育方法、教育评价、教育管理与服务等领域的一系列系统性变革。毫无疑问的是,立德树人的主阵地在课堂,主渠道在学科,主力军是教师。教师能否树立起与时代发展和教育变革相适应的育德意识,能否真正承担起落实立德树人根本任务的责任,是关涉人才培养和教育发展成败的关键问题。在整个教育系统坚持立德树人思想引领的背景下,作为基础教育改革的先行区,上海市积极寻求变革,特别是围绕德育工作进行了一系列行之有效的探索。例如,强调学科的德育功能,倡导"育德"与"增智"彼此交融,解决"育分不育人"的问题,实现知识获取、能力培养与价值观培育的统一。又如,以"认识生命,珍惜生命,尊重生命,热爱生命"为主线,颁布了《上海市中小学生生命教育指导纲要》,挖掘学科中所蕴含的健全人格教育资源和道德教育元素。教师是教育改革的直接实施者,也是教育质量的最终决定者。如今,教师不仅扮演着"知识传递者"的角色,还肩负着弘扬社会主义核心价值观的历史使命,其育德意识和育德能力对学校德育工作的发展和学生的健康成长发挥着重要作用。然而,从当前教师专业发展的内涵体系和实践路径看,尽管道德层面的构建已经受到了普遍关注,但是这种关注更多的是要求教师提升自身的道德素养,忽视了教师育德意识和育德能力的提高,忽视了教师作为育人主体的整体性设计,这导致很多教师在工作过程中仅仅关注学科的教学功能,而忽视了学科的育德功能,也在很大程度上影响了立德树人根本任务的落实。因此,寻求一种能够唤醒教师的育人意识、提升教师的育德能力、发挥教师的育人作用的育人方式,是"双新"改革过程中学校必须认真思考的命题。

第一节 "学科导师制"多维育人模式建构的理性思考

导师制是深化教育综合改革、推进普通高中育人方式改革的重要路径。导师制起源于英国的牛津大学,学校在学生入学时便指定一位导师,负责指导学生的学业,培养学生的品行,协助学生安排学习计划,引导学生进行深入学习。导师一般由学生所学科目的学者担任。事实证明,这一制度是行之有效的,导师制培养了众多具有创新精神、实现了卓越成就的人才。

一、"学科导师制"多维育人模式建构项目的研究缘起

中华人民共和国成立后,导师制最早面向研究生实施,后来发展至本科生,并于近年来向中学生延伸。《国家中长期教育改革和发展规划纲要(2010—2020年)》提出,要建立学生发展指导制度,加强对学生的理想、心理、学业等方面的指导;国务院办公厅印发的《关于新时代推进普通高中育人方式改革的指导意见》进一步提出,要加强对学生理想、心理、学习、生活、生涯规划等方面的指导。在这样的政策背景下,不少中学结合自身的办学风格与学校资源,形成了各具特色的导师制,比如全员育人导师制(参与主体广泛、指导内容全面)、心理健康导师制(以解决学生的心理困扰为主)、阅读导师制(以指导学生的课外阅读为主)、研究性学习导师制(以指导学生进行研究性学习为主)、社会实践导师制(以指导学生参与社会实践活动为主)、德育导师制(以德育工作为主)等。导师制是一种让所有任课教师同时管理和指导学生的新型教育管理制度,它能够弥补传统教育管理模式的缺陷,对学生的心理健康和学习特点给予更多的关注,能够促进师生之间、教师之间、学生之间、家校之间的积极互动,形成全员协

作育人的氛围,以期每一个学生都能健康成长和全面发展。学科导师,即是从全员育人导师制的视角,赋予传统的学科教师新的育人角色。

"学科育人"是教学改革的指南针和准绳,是落实《普通高中课程方案(2017年版2020年修订)》提出的"帮助学生树立坚定的社会主义理想信念,正确地认识自我,更好地适应高中阶段的学习与生活,处理好兴趣特长、潜能倾向与社会需要的关系,选择适合的发展方向,提高生涯规划能力和自主发展能力"这一要求的根本路径。有学者提出,学科育人以学生发展为价值取向,以"人—知"互动为逻辑起点,以促进学科知识向学科素养转化为内在条件。也有学者提出,学科育人的要义在于,在学科及其教学中一定要见"人",让学生在知识的获取中"站"起来,在学习能力的发展中"强"起来,在思维的训练中"活"起来,培养学生良好的学习习惯,促进学生可持续发展。

作为上海市首批实验性示范性高中之一,我校近年来持续推动学科教师向学科导师转变,从教学、课程、评价、管理、学生指导等方面系统设计,协同推进普通高中育人方式改革。"学科导师制"多维育人模式建构项目以我校的实践探索为基础,对于进一步深化普通高中育人方式改革具有重要的理论价值与实践价值。

二、"学科导师制"多维育人模式建构项目的研究梳理

基于本项目的研究定位与关键问题,笔者主要从"学科育人"和"导师制"两个方面进行研究梳理。

(一) 学科育人

1. 学科育人的内涵

长期以来,人们把学科教学理解为知识教育,忽视了学科的育人功能,导致了学科系统育人功能的结构性沉默。重视学科育人,是指基于学科知识,不断

促进学生作为人的社会、文化和精神本质的生成,发展学生的学科核心素养。学科育人的落脚点在特定的学科"教"与"学"之中,与教书育人、课程育人、教学育人密切相关,分别指向学科教学的主体、内容、方法。

2. 学科育人的本质

研究认为,学科育人的本质是基于学科教育教学的发展性,培育学生的学科核心素养。"人—知"互动是学科育人的逻辑起点,要积极构建"人—知"互动关系,引导学生与知识相遇,只有这样才能真正实现知识对于学生成长的价值,才能真正体现学科知识与学科教学的育人功能。

3. 学科育人的实践

研究指出,推进学科育人,要确立发展取向的知识观,促进知识向学科素养转化,达到学科知识结构化、学科思想体系化、学科能力表现化和学科经验连续化;要提升学生学习的意义感、自我感和效能感,让学习可见、让思维发生、让文化浸润;要引导学生深度学习,使学习知识的过程同时成为认识世界、感悟生命的过程。此外,不同学科具有不同的育人价值。例如,英语学科的育人价值是要培养具有中国情怀、国际视野和跨文化交流能力的时代新人。

(二) 导师制

1. 历史发展

导师制起源于 14 世纪,牛津大学的"新学院"率先实行导师制,导师制最初是一种侧重对学生进行个别学术指导的精英教育制度。随后,关于导师制的有效实践逐渐在英国许多大学推广。19 世纪中期以来,哈佛大学陆续推行和实施本科生选课制、学分制与导师制,推进了导师制在高校的普及和发展。1937年,竺可桢在浙江大学开本科生导师制之先河。中华人民共和国成立初期,导师制只用于各高校的研究生教育。2002 年,北京大学、浙江大学等学校在本科生中实行导师制。我国中学阶段的导师制目前正处于初步探究阶段,国内部分中学如浙江省长兴中学、南京市第一中学、北京市第八十中学等学校进行了导师制的初步探索。

2. 中学生导师制的实行价值与实施策略

中学生导师制是指导师根据中学生的学习状况、身心发展特点、认知水平差异给予不同层次的指导和帮助,从而使中学生能够更加健康地成长。有研究者认为,中学生导师制可以很好地实现学校在教育过程中的关注点从"知识本位"向"以人为本"、从"重教书轻育人"向"教书育人并重"的转移。实行中学生导师制,能够更好地落实因材施教的理念,提升教师的综合素质,营造良好的教与学的氛围。

在中学生导师制的实施策略方面,有研究者认为,学校要组建导师制工作研究小组和考核小组,导师要认真领会并严格贯彻实施新课改的要求,做好角色转换和定位,加强学校、导师、学生、家长之间的联系,给予学生全方位的指导和帮助。同时,建立配套的常规制度,如档案制度、谈心与汇报制度、家校联系制度、会诊制度、考核奖励制度等。

3. 中学生导师制与班主任制的比较

有研究者认为,导师制可以在许多方面弥补班主任制的不足。例如:导师制可以缓解班级管理工作和德育管理工作给班主任带来的沉重压力;可以在一定程度上消除班级式教学的弊端,能够根据中学生的不同需求和特点进行个性化教育;可以在中学生选课时给予更好的指导,使"双新"改革能够得到更好的落实。但是,中学生导师制并不能取代班主任制。例如,导师无法像班主任那样能够兼顾班级整体的管理,完全实施导师制有可能造成班级管理秩序的混乱。

在当前"双新"改革强调素养导向、学科实践和综合育人的背景下,迫切需要基于学科教学推动育人方式改革,迫切需要探讨从学科教师到学科导师的转型价值,迫切需要研究学科导师在教学、课程、评价与管理等诸多育人工作中的改革路径与实践策略。

三、"学科导师制"多维育人模式建构项目的研究价值

本项目的研究以普通高中新课程理念为视角,着眼于普通高中从"学科教师单一育分"向"学科导师多维育人"转变的政策要求,基于我校的实际情况,以教师为切入点,深入探讨普通高中学科导师育人的内涵价值、现实困境、路径策略与机制创新,这对于打破长期以来学科教师偏重育分的现状,积累并创新新时代普通高中育人方式改革的校本经验,具有重要的理论与实践价值。

从理论上来说,本项目的研究有利于教师明确学科导师的育人价值与育人职责,有利于学校制定基于学科教学、课程开发、学业评价等要素的育人方式改革的策略,有利于学校构建并完善学科导师育人的发展机制。

从实践上来说,本项目的研究有利于深化新课程改革,打破普通高中学科教师侧重育分的现实困境,为学校落实全员导师、创新教师专业发展机制打牢基础,也有利于在实践中进一步总结学科导师育人方式改革的校本经验,形成位育方案,为学科导师育人方式改革的深入推进提供具有借鉴和推广价值的宝贵经验。

第二节 "学科导师制"多维育人模式建构的项目设计

育人模式指向的实践主体是学校,主要涉及在学校层面回答"培养什么人"和"怎样培养人"的问题,是对学校发展的"顶层设计"。作为教育理论和教育方针的校本表达,育人模式内生于学校的教育实践,具有相对稳定性;需要教育政策、教育资源等外部环境的支持,具有和外部环境的协调性;需要充分挖掘学校的文化基因,寻找影响学校发展的关键性因素,具有特色性和多样性。育人模式包括育人的理念、育人的目标、育人的实施和育人的评价反馈等多个环节。

其中,育人的实施又可以进一步细化为学校育人课程体系的建构、教学策略与方法的设计、教师队伍的建设等具体内容。育人模式将"人"和"人的发展"作为立足点和根本点,是对"人的全面发展"的反思、回归和实践。根据育人模式的相关理论基础,我校对"学科导师制"多维育人模式的建构进行了整体设计。

一、"学科导师制"多维育人模式建构项目的研究目标

针对目前普通高中学科教师过于偏重育分的问题,以学科导师育人理念为指引,以学科教师为主体,以学科教学为抓手,探讨学科教师在教学、指导与评价等工作中存在的育人难点与改进方法,推动学科教师向学科导师转型,探索具有学科特色与校本特色的学科导师育人方式、成长机制与支持体系,从而更有效地推进普通高中育人方式改革。

二、"学科导师制"多维育人模式建构项目的研究内容

本项目的研究内容主要包括以下四个方面。

第一,"双新"改革背景下普通高中学科教师育人的现状与问题。以问题为导向,深入调查学科教师在教学、指导、评价、管理等方面的育人现状和存在的问题,多方面梳理影响学科教师育人效果的因素。

第二,"双新"改革背景下普通高中学科导师育人的理念与职责。以理念与职责为导向,厘清"双新"改革背景下育人方式的基本理念与改革要求,论证推动学科教师向学科导师转型的价值与意义,探讨学科导师在课程开发、教学方式、促进学生学习和发展等方面的育人理念与职责。

第三,"双新"改革背景下普通高中学科导师育人的策略与方法。以策略与方法为导向,细致梳理、分析我校不同学科或跨学科导师为推动育人方式改革,在课程开发、教学方式、学生学习和评价方式等方面所进行的探索与尝试,从中

归纳出育人方式改革的目标定位、策略方法与特色经验,进一步思考在学校层面如何构建具有学科导师育人特色的课程体系、评价机制与管理系统,从而更好地推进学科导师育人方式改革。

第四,"双新"改革背景下普通高中学科导师育人的发展机制。以机制为导向,深入研究在"双新"改革背景下,如何更好地培养学科导师,如何更好地促进学科导师的专业成长与发展,努力构建具有学校特色的普通高中学科导师育人的成长、管理与评价机制。

本项目的研究内容体系如图6-1所示。

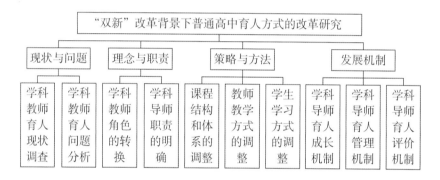

图6-1 "学科导师制"多维育人模式建构项目的研究内容体系

三、"学科导师制"多维育人模式建构项目的研究思路

本项目运用"调查→研究→改进→评估→总结"的研究逻辑,对普通高中学科导师育人现状进行调查,明确目前学科导师育人的难点,通过量性和质性数据采集和分析,不断积累"双新"改革背景下学科导师在教学、指导、评价、管理等育人工作中的实践经验,总结归纳普通高中学科导师育人方式的改革策略,努力实现学科导师"教书""育人"互促共进。

首先,通过广泛而深入的文献研究,厘清"双新"改革的要求和学科导师育人的理念,明确学科导师育人的价值诉求、职责要求与操作维度。

其次,进入学校场域,通过课堂观察、访谈交流、问卷调查、案例分析等方式,了解导师在学科育人过程中的真实困境,以解决实际问题为导向,构建学科导师育人的操作模式、评价机制与成长路径。

最后,基于上述探索与研究,不断积累、总结具有学科特色和学校特色的学科导师育人方式改革的经验。

四、"学科导师制"多维育人模式建构项目的研究方法

文献研究法:在中国知网(CNKI)、中国人民大学复印报刊资料库、EBSCO等中外文数据库的基础上,围绕"导师制""学科导师""学科育人""育人模式""全员导师""新课程""新教材"等关键词,检索与"学科导师制"多维育人模式建构相关的重要文献与政策文本,以梳理"双新"改革视域下学科导师育人方式转变的进程和脉络,明确学科教师向学科导师转型的现实必要性和实际难度,厘清学科导师育人的学理基础和理论内涵。

访谈法:根据学校学科导师育人的特色实践案例,邀请相关学科导师、学校职能部门、学校领导进行访谈,开展活动。在此过程中,归纳总结具有学校特色的学科导师育人的价值、内容、方法等,评估学校进行"学科导师制"多维育人模式建构的基础条件。

问卷调查法:基于学科导师育人的价值、内容、策略、评估、成效等方面来设计调查问卷,对样本学校的学科教师、学校领导、学生和家长进行问卷调查。从多个角度了解学科教师育人的现状、需求和挑战,为进一步明确学科导师育人的目标定位、路径载体和策略模式提供数据支持。

案例分析法:基于本项目研究的需要,选择具有代表性的学科和具有典型性的学科导师育人实践案例进行深度分析,梳理学科导师育人的影响因素、优化路径和支持条件等,不断总结教师、学校经验,为学科导师育人在更大范围内和更深程度上的推进提供理论和实践参考。

画像分析法：基于本项目研究的需要，通过对学生需求定性、定量的分析和对教师教学能力、课程开发能力、生涯发展指导能力等方面的调研，对普通高中学科导师进行画像，形成质性研究标准。

第三节 "学科导师制"多维育人模式建构的阶段成果

项目研究是一个循序渐进的过程。自"学科导师制"多维育人模式建构项目立项以来，我校一方面通过文献梳理和理论研究，厘清导师制和学科导师育人的理论基础，形成对这些问题的科学认识；另一方面，结合"双新"改革政策的落实等实践任务，主动探索"学科导师制"多维育人模式的制度建设。目前，主要形成了以下两个维度的阶段性成果。

一、完成了学校"学科导师制"多维育人模式的制度建设

制度建设是学校"学科导师制"多维育人模式建构并发挥积极作用的前提，制度的设计，不仅是提供一种行为规范，其本身也具有重要的教育价值和促进教师专业发展的功能。学校管理为教育服务的根本出发点呼唤学校管理教育性意蕴的回归，教育性反映了管理和教育作为两种不同实践活动的内在相关性，体现了学校管理的特殊规律。[①]，这意味着，学校层面的任何制度设计，本身也应该具有重要的教育意义。对于学科教师而言，"学科导师制"相关制度的设计实际上是引导教师转变育人方式，树立与"双新"改革相匹配的学科导师育人理念。要真正实现这种制度设计的价值，教师不仅要知道自己应该做什么，而

---

① 周元宽，葛金国.学校管理教育性的回归：制度设计与路径选择[J].中国教育学刊，2014(5)：53-56，65.

且要知道如何做得更好,以及如何通过"学科导师制"的行动方式,真正落实教育立德树人的根本任务。我校通过"学科导师制"实施方案等制度设计,引导教师从制度层面了解在承担导师职责的过程中,教师自己的"应为"和"可为",引导教师树立更加清晰的学科导师育人观念。下文为我校"学科导师制"实施方案。

位育中学"学科导师制"实施方案

一、"学科导师制"的制度保障体系

(一)组织保障

为保证"学科导师制"工作的顺利进行,我校成立了学校领导小组和年级指导小组,专门负责"学科导师制"的规划和指导工作。

1. 学校领导小组

校长、副校长分别担任领导小组的正、副组长,教师发展中心、课程与教学中心主任和年级组长担任组员。在领导小组的指导下,建立由课程与教学中心直接管理,由学科带头人、青年骨干教师、校外专家组成的导师团,全面教育、管理学生的思想、行为、心理、学业等。导师团分为综合文科、综合理科、工程技术、艺术体育4个导师小组,每个小组由6~8位导师组成。

2. 年级指导小组

年级组长担任指导小组的组长,各班班主任担任组员,负责"学科导师制"落实的具体操作。

(二)资源保障

学校提供导学活动所需要的教室和设备。导师可以向课程与教学中心提出其他教学资源的使用申请,由课程与教学中心和后勤保障中心协调解决。个别导学活动由导师自行安排。充分利用校园网络,开发和使用网络记录平台,方便导师全程、全面记录导学过程和学生成长过程。

学校设立专项活动经费,用于导师团开展教育教学活动、购买教学资料。

导学活动结束后,根据"学科导师制"评价机制的相关规定,以团队和个人两种形式进行考核和奖励。

（三）时间保障

充分利用拓展课、自修课、荣誉课等时间,保证各学科导师每周能够开展两次导学活动。导师制订导学计划,日常导学活动由导师团协调安排,导师也可以利用双休日、节假日、寒暑假不定期地开展导学活动。

二、聘任、选拔与流动机制

学校组织教师通过集体学习、教研组研讨等方式,学习导师职责,学习新课程方案及相关教育教学理论,使每位教师认清"学科导师制"对学校、教师和学生发展的重要意义。

（一）担任导师的条件与导师的聘任

1. 担任导师的条件

热爱教育事业,具有高尚的职业道德、严谨的治学态度和无私的奉献精神;为人师表,责任心强;具有先进的教育理念、科学的教育方法,注重自身教育特色与风格的形成,善于与学生沟通和交流;能够及时掌握学科发展的新动态、新趋势,具备深厚的学科知识底蕴。

2. 导师的聘任

导师的聘任采取推荐和自荐相结合的方式,聘请学科带头人、青年骨干教师、校外专家担任学生导师。

导师自荐的聘任程序:教师自主申请→课程与教学中心初审→学校领导小组聘任。教师在申请时,应递交一份自我介绍,重点介绍自己的教学特色和导学特点。

（二）学员选拔的条件与程序

1. 学员选拔的条件

我校学生由本人或家长申请,可成为导学对象。"芯苗班"学生可以优先申请工程技术组导师的指导。

2.学员选拔的程序

学员选拔的程序:自我推荐/教师推荐→入围测评→公布预选名单→确定正式学员名单。

自我推荐:凡符合选拔条件的学生,都可以通过校园网下载申请表,自我推荐报名。教师推荐:由班主任和任课教师根据学生的综合表现和学业成绩进行推荐。

入围测评:学生报名后,学校组织报名学生进行学科素养、职业发展规划等方面的测评,测评结果作为学员分组的依据。

公布预选名单:学校根据测评结果和学生申报意向,确定预选名单。

确定正式学员名单:根据预选名单,导师和学员进行双向选择(不等额),最后确定正式学员名单。

(三)具体实施

在具体实施过程中,按照"双向选择,师生互动"的原则,由导师和学员进行双向选择。其中,1名导师可以选择10名左右的学员作为导学对象。

在导学活动中,导师与学员进行实质性接触,导师根据学员的实际情况、性格特点和辅导目标对学员进行跟踪指导,根据《导师工作手册》的要求,记载导学活动的过程、导学活动的成效和学员的发展情况。

(四)导师与学员的流动机制

1.导师流动制

高中三年里,学员有一次自主申请变更导师的机会,可以在高一第一学期、第二学期和高二第一学期结束时以书面形式进行申请,申请书中需要写明变更理由。

导师一般任期三年。如果导师不能认真履行导学义务,不能完成日常导学任务或者考核不合格的,可以取消其导学资格,终止其导学工作,其学员可以在名额未满的导师中重新选择。

2. 学员流动制

由导师对学员在学习期间的学习态度、学习成绩、学习习惯和心理品质进行综合评定,在此基础上,由领导小组决定该学员是否进行流动。

三、导学活动的形式、内容和保障机制

(一)导学活动的主要形式

1. 个别导学

2. 团队导学

3. 综合导学(社会实践)

(二)导学活动的主要内容

1. 学科课程

2. 荣誉课程

3. 课题指导

4. 生涯规划

(三)导学活动的保障机制

1. 建立受导学员的成长档案

2. 建立谈心辅导与汇报制度

3. 建立校外团队联系制度

4. 建立个案分析制度

5. 建立导师考评制度

二、形成了学校"学科导师制"多维育人模式的实践案例

"学科导师制"在理论基础和实践样态上与学科德育有内在的共通之处。按照教育家杜威的理解,道德的目的是各科教学的共同的和首要的目的。他认为,教育过程即德育过程,而且是永远发展的过程。从学科德育的角度看,各科教学对道德教育来说是一个"沉睡的巨人",潜力很大,这是因为许多教学内容本身具

有道德价值。① 教师必须充分挖掘和对接教材中蕴含的育德基因,进一步拓展相关历史文化资源,以便将其有机地转化为德育教学内容,唤醒"沉睡的巨人"。② 此外,教师也应该认识到,在做好学科教学和学科德育的同时,也应该树立起表率示范的意识,通过自己正确的言行举止引领学生健康成长。学科导师育人作用的发挥,既具有学科自身的特性,也具有教育立德树人的共性。引导教师结合学科教学,着眼于学生全面发展,积极探索具有学校特色的"学科导师制"多维育人模式,是我校当前研究的重心。目前,我校已经积累形成了不同学科的"学科导师制"多维育人模式实践案例,下文展示了部分成果。(略有改动)

做好学生追寻自我的引路人

"双新"改革背景下,学科导师育人方式迎来变化。根据我校的培养目标和"位正育卓 自主发展"的办学理念,为更好地落实"学科核心素养"指导原则,培养德智体美劳全面发展,具有较高人文素养、创新素养和研究能力的社会主义建设者和接班人,笔者从自己教授的2023级高一年级学生中,选取了一名具有代表性的学生进行个案研究,以期为我校英语学科"学科导师制"的研究与发展提供切实可行的实践方案。

一、案例介绍与分析

本案例中的学生来自我校2023级高一(8)班,该生作为班里的英语课代表,学习刻苦上进,工作认真负责。作为其英语老师兼学科导师,笔者对该生的发展很有信心,希望该生通过高中阶段的学习和成长,能够成为一名具有坚定的理想信念、深厚的爱国主义情怀、强烈的社会责任意识、高尚的品德修养、丰富的知识储备、良好的沟通能力的人才。为此,笔者比较注重该生的个性化发展,从学科优势、心理建设、生涯规划三个方面进行了指导,取得了一定的成果。

---

① 王健敏.具身德育:立德树人背景下德育新理念与新路径[J].中国特殊教育,2017(5):22-26.
② 阮沁汐,李臣之.教学的德育性何以彰显?——学科教学的育德路径探讨[J].中小学德育,2019(10):8-12.

二、指导策略与过程

（一）了解学生优势，提供相关指导

该生在军训期间就表达出了对英语浓厚的兴趣，表示愿意担任英语课代表一职。在与其沟通的过程中，笔者得知该生的英语水平已经超过高考要求的水平，并且拥有不少参加大型英语竞赛的经历。经过一段时间的观察，笔者发现，该生学习认真勤奋、为人处世得体、待人接物谦逊、办事放心可靠，最终笔者确定该生担任班级的英语课代表。该生也十分配合笔者的工作，不仅在班级中成为同学们的榜样，还主动参加各类竞赛，屡创佳绩。

2023年12月，经过多轮选拔和比拼，该生获得了参加第20届"外研社杯"全国中学生外语素养大赛上海地区决赛的资格。赛前，笔者就演讲主题与该生商讨演讲思路，经过反复修改，该生最终写出了一篇成熟的演讲稿。在备赛的过程中，笔者还和该生分享了自己参加英语竞赛获得的经验，比如对于题目的演绎、演讲的技巧、回答问题的思路等。在笔者的指导下，该生积极汲取比赛经验、充分发挥自身优势，最终获得了上海地区决赛二等奖的好成绩。

2024年新学期，笔者又鼓励该生参加了"未来杯"徐汇区高中阶段学生未来演说家大赛。本次比赛要求参赛选手围绕"立足新时代，争做优秀青年"这一主题进行双语演讲。针对该主题，笔者与该生一起探讨，指导他写出了契合时代背景、符合学生发展要求的演讲稿。在撰写英文稿时，笔者特地提醒该生注意，由于中英语言思维不同，因此翻译时不能直接逐字转换，而是要注重英文行为结构中的内在逻辑。

（二）关注学生情绪，给予相应疏导

新学期伊始，该生的外公意外离世，面对噩耗，该生沉浸在失去亲人的悲伤之中，情绪低落。由于该生的经历和笔者本人的经历非常相似，因此笔者十分能与之共情。作为其导师，笔者密切关注该生的情绪变化。笔者向该生讲述了自己高考前三个月失去爷爷的经历，以此拉近与他的心理距离，该生也敞开心扉和笔者聊起了自己的童年经历和这次的意外情况。随后，笔者将自己走出困境的方法分享给该生,鼓励他坚定信念,以最好的表现来告慰外公。最终,该生有所收获,平复情绪,心怀感激,收拾心情,重新出发。

生老病死是每个人人生中必须面对的课题,如何正确看待至亲的离去、以何种心态面对艰难的处境需要正确的引导。这也正是导师的价值所在,导师不仅要提供学习、成长上的指导,更要做好心灵上的引路人。遭遇重大变故,心理受到创伤,出现负面情绪都是正常的。作为导师,要及时察觉学生的情绪变化,对学生进行心理疏导、指明方向,学生受到正确的引导后便能一步步走出阴霾、拥抱阳光。

(三) 明确学生需求,分享个人经验

经过一段时间的相处,笔者发现,该生一直表现出对英语浓厚的学习兴趣。面对未来专业的选择与就业的困惑,该生家长也向笔者咨询了相关问题。在认真聆听了该生的个人志向与家长的期许之后,笔者首先分享了自己从求学到就业的心路历程,让该生了解了求职需要做的准备工作。随后,笔者就各个行业的发展现状和未来趋势提供了基本的见解。时代发展日新月异,一代人有一代人的使命。笔者反复向该生及其家长强调,每个人的经历都无法复制,笔者自己一路走来经历了不少困难,同时也被幸运眷顾。但是,足够幸运的前提是自身具备过硬的专业实力。现在需要做的是不断增强自己的不可替代性,尽可能把握住每一个展示自己的机会。

在听完笔者的讲述之后,该生和家长都表示有所启发,该生将会继续精进优势学科,同时提升跨学科能力,以适应时代发展的需求。

三、总结与思考

(一) 导师需要具备良好的学科素养

对于具有学科特长的学生而言,他们自身的水平远超高考的要求,日常教学可能难以满足他们的需求,这对导师也提出了新的要求和挑战。导师需要具备良好的学科素养,在教学中不断精进自己的专业水准和教学水平,从而给予具有学科特长的学生更好的指导,帮助他们进一步提升学科能力,培养他们成为国家需要的专业人才。

除了自身专业水准和教学水平过硬,导师最好能对各个领域的知识都有所涉猎,如科技、医疗、教育、经济、贸易、文化等,从而更好地帮助学生开阔眼界,提升学生的综合素养。

(二) 导师需要掌握一定的心理知识

高中阶段课业繁重、学习压力大,而青少年对于自我的认知也更为活跃,这就需要导师适时地进行正确的引导。导师需要密切关注学生的情绪变化,助力学生平稳地度过这一宝贵的人生阶段。当学生出现负面情绪时,导师要做的不仅是给予学生一两句安慰的话语,而且要设身处地地为学生分析原因、思考对策,不要让负面情绪影响学生的追求和发展。

同时,导师要培养学生能够正确面对情绪影响的能力,学会选择合理的方式进行自我疏解,其最终目的是帮助学生找到自我,逐步拥有克服一切艰难险阻仍初心不改的勇气与毅力,这是防止学生陷入抑郁情绪的有效途径。

此外,导师还需要具备一定的同理心,了解学生出现困难背后的原因,而非简单地"唯分数论"。实际上,过程比结果更重要,一次成功克服困难的经历,将会赋予学生日后前进的动力与勇气。作为家校联结的纽带,导师要密切关注家庭氛围对学生产生的影响,做到家校携手,共同助力学生成长。有时,家长的负面情绪会不自觉地传递给学生,面对这种情况,导师需要通过有效的沟通,划清家长教育和管理的范围,给学生提供必要的物质与精神支持。

(三) 导师需要关注最新的发展趋势

学生的职业选择要早做规划、早做准备、早做打算,这就要求导师除了在专业学科上有所精进外,还需要突破课本知识,紧跟时代,了解各行各业的动向。导师在对学生进行职业生涯规划指导时,要综合考虑学生的兴趣、优势与就业范围,给学生提供前沿的资讯。导师还可以分享自己的成长经历和经验,供学生参考。除了有限的课本知识,导师和学生都需要具备终身学习的意识与能力,只有这样才能不被时代的洪流淘汰,才能一直勇立潮头。

(本案例作者:位育中学教师 杨嘉欣)

亲师信道　因材施"导"
——学生的个性化指导案例

一、案例背景

伴随着国家教育改革的推进与经济发展的深入,一线城市的高中生拥有愈发广阔的视野、愈发广泛的兴趣、愈发丰富的文化艺术资源和愈发充裕的竞赛、实践机会,自然也就形成了愈发出色的综合素养和眼界格局,学生的多元化发展路径、自主规划管理成为现实。自主意识强烈、个性化需求突出、敢于张扬自我,是当下学生群体较为显著的特点。不过,激烈的学业竞争引发了较大的学习压力,青春期容易对自我认同产生犹疑和困惑,良好的生活条件造成了奋斗意识的薄弱,学习评价、奖惩方式也相对单一,这些问题在一定程度上导致了学生学习主动性的欠缺。

当个性张扬的学生学习动力不足、学习懈怠时,教师应如何在现行的教育考试制度之下找到有效的处理方式,是一线教师教育教学中的一个难题。这一难题的突破需要教师密切关注学生本人发展的综合性需求、学生特定学科的学习能力和特点、学生的自主管理意愿和能力的培养等问题。"学科导师制"的提出,成为突破这一难题的绝佳契机和有效方式。

二、案例分享

笔者担任班主任的班级里有位特殊的学生小 D,他细致负责、有班级荣誉感,身为电教委员能够妥善完成所有相关的班委职责,从来不出差错;但他也倔强自持、特立独行,尽管成绩并不理想,却总能理直气壮地缺交作业,并且从来不自责、不自省。笔者身为他的班主任,确实为他感到既头疼又无奈。

(一)悬崖勒马——导师及时介入的学生情感事件

事情出现转机是有一次,学校的另一位班主任偶然间在走廊里发现小 D 同学和一位女生走得很近,于是把这个情况告诉了笔者。这位女生在男女交往、个人情绪状态、亲子关系上都存在一些问题,情况比较复杂,目前还在"察看"阶段。

如果小 D 同学与之陷入较为亲密的关系中,那么可能会出现许多无谓的、无解的情感纠缠,对于处在青春期的高中生而言不是一件好事。出于对学生的保护,笔者第一时间找来了小 D 同学,询问他和这位女生的交往情况。小 D 同学非常坦率地告诉笔者,他和这位女生因课余时间切磋钢琴演奏技巧而结缘。女生很柔弱又有艺术气质,两人确实互有好感,但目前没有发展成为恋人关系。过两天就是女生的生日,他们相约那天放学后一起玩密室逃脱庆生。小 D 同学表明自己已经准备好了礼物,庆生之后,两人的关系很可能就有所明确。

出于对学生隐私的尊重,笔者没有向小 D 同学透露任何关于这位女生的情况,而是非常诚恳地和小 D 同学沟通,劝说他,这位女生虽然我见犹怜,让人很有保护的欲望,但是可能不会是小 D 同学青春恋情的理想对象,希望他能够及时调整。小 D 同学有感于老师们对其感情动向的关心和保护其隐私的诚恳,也回想起了自己和这位女生在交往过程中隐隐感受到的一些不安,经过了一段时间的挣扎,在与父母长谈后,最终决定在这位女生生日当天,由母亲接回家探望奶奶,以此为由回避与女生庆生一事。自此,这位女生和小 D 同学逐渐疏远,成为普通同学。

小 D 同学在笔者和同事的共同关注下,尽早逃离了一场不合时宜的感情纠葛。在情感上,小 D 同学对笔者多了一份信任。于是,不太交的作业,他偶尔也会交上来;不怎么愿意投入精力的语文课,他也开始与老师进行互动,两眼有神地专注于课堂。尽管所有需要花费心力的作业,小 D 同学仍然不"为难"自己,但是他在课堂表现上的改变或许是一个向好的信号。

(二) 共探前路——导师引导下的家、校、生三方合作

可惜的是,教书育人的事情很难一帆风顺,小 D 同学的语文成绩不仅没有因为上课时的专注而有所提升,反而在一种自我满足的状态中每况愈下。最终,在期中考试时,小 D 同学的语文成绩成为班级成绩箱形图唯一的"离散点",令人遗憾。于是,家校共谋出路,引导小 D 同学意识到学习危机并且克服自身的惰性和随性,成为当务之急。

在告知了小 D 同学的父母相关情况后，他们非常着急地加入了家校沟通的队伍之中。通过和小 D 同学父母的交谈，笔者了解到的情况不太乐观：第一，虽然小 D 同学的父母很早就发现了问题，并且多次与小 D 同学沟通，但是小 D 同学不以为意，父母也拿他没有办法；第二，小 D 同学的父母希望老师能多对小 D 同学进行个别辅导，希望老师能多表扬小 D 同学从而帮助他树立学习的信心、培养学习的兴趣；第三，现在的语文太难了，小 D 同学上课听不懂、下课不会做，所以选择性逃避。

针对这样的情况，笔者提出了自己的看法：高中阶段的学习如果始终以兴趣为导向，那么是很难突破目前的学习障碍并有所提升的，这是其一；虽然笔者很愿意表扬和鼓励小 D 同学，但是如果他连最基本的作业都不能完成，那么老师是很难进行表扬的，而且这样的表扬对小 D 同学来说也不会起到任何实质性的作用，这是其二；在目前的考试制度下，小 D 同学如果不尽早查漏补缺，那么到了高三学习会非常被动，这是其三。父母和老师都要承担起相应的教育职责，让小 D 同学充分意识到自己学习的"症结"所在，让他知道，所谓的"太难"包含了很多基础的、简单识记的知识点，这些都是小 D 同学完全有能力学好的，小 D 同学不是"不能"，而是"不为"。

鉴于笔者之前对小 D 同学情感方面问题的关心和提前干预，小 D 同学的父母对笔者的工作比较认可和感激。在取得了小 D 同学父母的充分理解之后，笔者又找到小 D 同学了解其语文学科的学习情况，尤其是针对父母反映的"上课听不懂"和老师看到的"上课眼里有光"这一矛盾的情况向小 D 同学进行了重点询问。小 D 同学很不好意思地承认，虽然他频繁地与老师进行"眼神交流"，仿佛胸有成竹的样子，并且时不时地能够给出一些看似准确的回答，但是其实他自己心中也没底，常常听着听着就听不懂了，还要装作"很懂"的样子，心里也挺苦闷的。在了解了真实情况之后，笔者告诉小 D 同学可以不用再跟着班级完成难度较高的作业《步步高》，并且推荐他使用难度相对较低的《文言百段》或者《文言文助读》，同时在文言文学习上给小 D 同学提出了更适合他自身情况的学习要求,希望他能够从自己能做的做起,脚踏实地地克服畏难情绪。

根据笔者调整后的学习方案,受到成绩触动的小 D 同学非常积极地同时购买了上述两本文言文练习,开始了个性化学习。令笔者欣慰的是,在随后的期末考试中,小 D 同学的语文成绩取得了明显的进步,事情看起来真正向好的方向发展了。

(三)静待花开——导师守护下的学生自我成长

新的学期,小 D 同学的课内默写的完成情况并不好,寒假作业也没有按照学校的要求按日提交在相关平台上。但是,令笔者意外的是,他拿着几十篇文言文阅读(远超作业要求的数量)来提问,每段文言文的字里行间都对重点的字词句进行了标注,每道习题后面都有红笔订正,还有用特殊记号标注的心中疑惑,这些疑惑有文意疏通上的,有题目解答上的,甚至还出现了对答案的质疑。

在答疑的过程中,笔者看到了一个学习基础薄弱的孩子是如何一点一点用自己的方式努力进行自我提升的;看到了他从不想、不做,勇敢走向努力想、努力做的蜕变;看到了他从听不懂就装懂,到不懂就去想、不懂就去查、不懂就去问,再到发现问题、分析问题、解决问题甚至能够自信质疑的升华。

笔者认为,教育,既不是童话也不是神话——很难有一个教师能够轻而易举地让学生"醍醐灌顶",然后"大彻大悟"地得到"翻天覆地"的改变。如果将教师比作园丁,那么笔者愿意相信,"学科导师制"就是要求教师像园丁根据植物的习性种植、照顾植物那样,根据学生的特点和实际情况,因材施教,为学生制定合适而"有温度"的教学方案。

教育,包括导师教育在内,是在一次次"将心比心"、一次次"敞开心扉"的沟通中走向了解与理解,不断积攒学生的信任与家长的认可,从而实现真正的家校合作,为学生的健康成长和良好发展助力。

三、成效与反思

总体而言,在高中推行"学科导师制"是为了更好地满足学生的成长需求,促进学生的综合发展。学校希望通过这一制度,给学生提供个性化的指导,关注学生的心理健康,培养学生的自主学习和管理能力,帮助学生发挥自己的潜能、实现自己的目标,为其未来的职业规划和人生发展打下坚实的基础。通过与小 D 同学的师生互动,笔者认为以下几点是值得记录或反思的。

（一）共情尊重——奠定良好的家校合作基础

在解决小 D 同学的情感问题时,师生之间的尊重和共情发挥了非常重要的作用。小 D 同学能够比较顺利地接受笔者给予的人际交往方面的建议,尤其是在信息不充分的情况下选择相信老师,这与笔者在平日里与学生沟通和交流中表现出来的对学生的爱护和尊重有很大关系,小 D 同学也惊叹于老师们对于学生关系的充分关注和敏锐反应。

发现小 D 同学和一位女生关系较为亲密的 Y 老师,第一时间通过教师在日常工作中形成的互助互通性质的沟通网络将情况告诉相关班主任,为班主任对学生开展情感疏导工作争取了先机。随后,班主任第一时间向小 D 同学了解相关情况,在此过程中,充分尊重和保护学生的隐私,在小 D 同学和那位女生的亲密关系有更进一步的发展之前,及时发出了有效的警示、给予了正确的引导。接着,小 D 同学在第一时间与父母进行了充分的沟通,在成人理性的引导下,采取了合适的解决办法。

在此次学校、家长、学生共同解决学生情感问题的过程中,各方都获得了较好的沟通体验。由此可见,在师生充分尊重和共情的基础上,教师和学生的沟通更容易进行,学生的配合度也会更高,学生的问题也就能得到更有效的解决。

（二）信息交互——切实了解学生的学习困境

无论是解决学生的情感问题还是学习问题,信息的及时交互都非常重要。以小 D 同学的语文学习问题为例,如果不是家长表示"孩子说语文太难了,上课听不懂",那么笔者就不会发现这和学生"上课表现良好、眼神积极互动"产生了矛盾,就不会发现学生真实的学习困境;如果不是学生基于对老师的信任,在师生沟通中坦白自己的"好面子""装听懂",那么学生的真实问题就很难暴露。如果将学习成绩的不理想简单归因于学生的学习态度不好,那么这不仅不利于学生学习困境的突破与学习成绩的提升,更不利于学生学习心态的培养与学习积极性的调动。

(三) 尊重选择——培养学生的自主管理能力

一般而言,教师主要的义务和责任是进行学科教学、布置作业、监督学生完成作业,具备协助并引领学生学习的专业能力。在"学科导师制"的要求下,教师需要进一步对有特殊情况的学生给予及时、适当的关注,尤其不能忽略学生学习的主体性要求与自主管理的心理需求。因此,教师应该提供可供学生选择的学习方案,从而帮助学生降低畏难情绪、调整自我认知,以更加主动和积极的态度投入薄弱学科的突破与提升中。

(四) 放平心态——理性对待学生的成长起伏

笔者认为,教师不是童话的书写者,也不是神话的缔造者。学生的成长和存在的问题都有其复杂性,尤其到了高中阶段,不少问题已经根深蒂固,学生的世界观、人生观、价值观和思维模式、亲子关系、沟通模式等也已经相对固定。教师作为阶段性的陪伴者与引导者,能够改变和影响学生的方面是有限的,学生的改变和进步也是一个漫长而曲折的过程。因此,在"学科导师制"引导下的个性化教学中,教师应该在尊重学生个性、顺应学生能力、接受成绩起伏的前提下,积极探索教育教学的有效方式和合理路径,全力守护学生成长。

(本案例作者:位育中学教师 赵蓓沁)

基于博物馆资源,开拓教学相长的幸福道路

一、案例主题与背景分析

苏霍姆林斯基曾说,如果你想让教师的劳动能够给教师带来乐趣,使天天

上课不至于变成一种单调乏味的义务,那么你就应当引导每一位教师走上从事研究的这条幸福的道路上来。笔者正是将教学研究作为促进自身专业发展的推动力。

在历史学科的教学实践中,笔者将博物馆课程资源开发、整合与应用作为教师教学与学生学习的发展途径。在批阅高一学生以"参观地方博物馆"为主题的暑假作业时,笔者发现,74.5%的同学选择了上海地区的博物馆参观。其中,154名学生选择了上海博物馆,占总人数的42.6%,其比例远高于选择其他博物馆参观的人数;选择上海市历史博物馆(新馆)参观的有39人,占总人数的10.8%。这说明本土资源对于高中生来说具有较强的亲切感,是许多人的参观首选。虽然学生们的博物馆参观活动进行得热火朝天,但是根据学生上交的文物介绍作业,笔者发现,学生对和文物相关的历史并不熟悉,历史知识呈现碎片化,学生只能复述博物馆展示或者网络上搜索到的文物信息,并没有拓展到文物本身与历史的关联性上。比如,有一位同学在设计西周大克鼎的海报时,拟定了"礼至则天下正"的标题,但是通篇文字仅在讲述潘达于老先生和大克鼎的故事。其他同学在对大克鼎进行评价时只能单纯地用"好看""精致""壮观"等词语来形容直观感受。可见在大众媒体的文化熏陶下,虽然学生对文物有了一定熟悉度,但是学生掌握的历史知识还不足以让他们对历史融会贯通。因此,学生可以结合相关历史了解文物,对文物的关注要不单一、不离散。

另外,"博物馆热"在学生群体中也是如此吗?上海博物馆微信公众号发布的2017—2019年度参观数据显示,未成年人参观人数徘徊在10%~13%之间,不及其他年龄段。这一数据说明,文物对学生群体的吸引力似乎并没有那么高。这或许是因为,信息时代下,无论是课上还是课下的知识,学生只要打开手机就能查到。然而,这些以碎片化呈现的知识未必能转化为学生对历史的认识与见识。同时,博物馆的文物陈列较为宽泛,博物馆的讲解也主要针对文物的表面信息,学生面对博物馆的文物时,似乎无所不知,却又一知半解,最终导致"博物馆热"在学生群体中"遇冷"。由此可见,博物馆与学校之间的教学互动必要且迫切。那么如何将丰富的文物资源与系统性的课堂教学进行有效整合呢?

二、案例的设计与实施

根据《普通高中历史课程标准(2017年版2020年修订)》,历史学科核心素养中的史料实证素养要求学生能够比较、分析不同来源、不同观点的史料,并恰当地运用史料对所探究的问题进行论证。在实施建议中,上述文件也要求教师不仅要在教学中运用史料阐释历史,更重要的是要设计以史料研习为基础的学习探究活动。这就提出了"文物证史"的教学要求,即教师在示范不同类型史料互证的史学思想方法的过程中,不仅要引导学生认识历史、解释历史,而且要使学生逐步模仿教师进行史料互证,从而学会独立搜集、整理、辨析、运用史料来解释历史,由此完成史学方法的迁移。研究型课程无疑是帮助学生整合知识与方法并将之付诸实践的上佳渠道。

为此,笔者聚集了自己作为学科导师进行指导的学生,在结合这些学生的兴趣和已有知识储备的基础上,以上海博物馆馆藏文物资源为主开展教学实践活动。从理论上,厘清博物馆馆藏文物资源与中学历史课堂在教学内容、模式上的互补关系;在实践上,设计结合上海博物馆、上海市历史博物馆馆藏文物资源特色的中国史教学专题。在上海现行的统编版普通高中历史教材中,中国史部分主要沿着两条线索展开:纵向上梳理了中国作为统一的多民族国家的形成与演进,横向上展现了中华文明与其他文明的碰撞与交流。基于此,笔者将博物馆馆藏文物资源整合在"早期国家""交融一统""中外交流""救亡图存"四大模块中,并将其与教材知识相匹配,以文物为媒介,探索课改背景下历史教学方法从"教教材"到"用教材教"转变的有效路径,探索学生参与和教师引导间的教学良性互动与动态互补。

笔者借助学校研究型课程平台,在"早期国家""交融一统""中外交流""救亡图存"四大模块下,对历史进行纵向的逻辑梳理与横向的细节解读,使学生形成具有关联性、整体性的历史知识体系,产生对具体文物或某一类型文物的探究动力,在之后撰写微论文时,完成"史料互证的教师示范→学生模仿→学生迁移"的历史学习过程,由此达到"知"(历史知识、史学方法)与"行"(研究行动)合而为一的学习效果。

学生的研究成果生成后,笔者与学生共同对研究成果进行评价。评价方式与传统的"诊断性测验"评价方式有所区别,主要表现为以下两个方面。

其一,评价主体的多元化。在传统诊断性评价中,教师是唯一的评价主体,单一的评价主体可能会导致评价片面,不利于学生的创新发展。在本研究型课程实施的过程中,对微论文的评价采取教师评价与小组互评并行的方式,这既保证了评价结果具备教师评价的权威性,也使得学生在评价他人研究成果的过程中,通过彼此间论文思想、学科思维的交流与碰撞,进一步提升自身的认识与见地。

其二,引导长效学习效果的生成。认知心理学指出,策略性知识是一种长时记忆,它不仅是现阶段陈述性知识与程序性知识的运用技能,也将使学生在未来"学会学习,学会创造"。同样,LIRP学习规划理论也认为,检验学习成果的最终目标,是学生达成自我的行动与发展,也就是一种长期的学习效果,这与策略性知识异曲同工。策略性知识的获得并不是一蹴而就的,在学生探究的每个阶段,都需要教师根据学生的实际情况给出相应的方法示范与内容指导。例如,当学生完成"文物解说词"作业后,笔者要求学生将"文物解说词"作业和之前的博物馆参观小报进行对比,并进行自我反思。其目的是让学生通过前后两次作业的对比,进一步感受"文物证史"的价值与意义,以期学生在今后的学习中继续将"文物证史"的史学方法融会贯通。同时,通过教师的评价和同学之间的交流,拓宽视野,提升学习能力。

三、案例的成效与反思

经过师生一年的共同探索,学生再次走进博物馆开展研究性学习活动,并完成关于"文物解说词"的作业。和之前博物馆参观小报相比,此次作业中生搬硬套或者直接摘抄博物馆解说词的情况明显改善,学生能将教材知识熟练运用到对文物的解说中。

西周大克鼎是两次活动中学生均关注的热点文物,在此次作业中,学生能够进一步明确大克鼎及其铭文是西周分封制度与礼乐制度的体现。比如,有同学认为,铭文展现了周天子提拔克担任膳夫一职的繁杂程序,从侧面证明了西周时期等级制度的森严。有同学指出,克承袭祖父华夫的官职,并获得诸多田地人口,反映了西周世卿世禄的选官制度。

与此同时,商鞅方升在本次活动中关注度显著提升,不少学生都认为,其铭文反映了自商鞅变法至秦统一后变法政策的沿用,这在一定程度上证明了商鞅变法为秦富强奠定了基础。还有同学指出,商鞅方升反映了古代中国"以度审容"的先进科学方法,展现了古代劳动人民的智慧。

此外,有一部分同学开始有意识地提炼文物信息,并尝试采用不同类型史料互证的史学思维方法解读文物,以期挖掘文物背后的故事。这一情况在与大克鼎有关的解说词设计中较为普遍,学生大多引用了《春秋公羊传》中关于"天子九鼎,诸侯七,卿大夫五,元士三"的记载并指出,在周代,青铜器的数量和形制大小被用来表示身份地位的高低,与大克鼎同时出土的小克鼎便是"诸侯七鼎"的实证。有同学关注的是新莽时期的货币——"一刀平五千",通过解读文物的直接信息,该同学指出,王莽作出的货币币值等于五千个小铜钱的规定,实际上是王莽掠夺民间财富的一种手段,这一手段激化了社会矛盾,其暴力流通的方式在民间受到了强烈抵制。

综上所述,本次研究性学习活动取得了不错的成效,实现了以下突破。

其一,突破内容局限,提供更广阔的史料实证渠道。在本次研究活动中,笔者系统整合、充分运用上海博物馆、上海市历史博物馆等馆藏文物资源,将其融入中国史日常教学中,突破了以往博物馆教学中局限于乡土史、特定场馆与特定阶段历史的状况,通过多视角、多类型、多层次的教学实践,使学生获得了更加多元、宽广的史料实证渠道,学生史料实证核心素养的培养得到了有效落实。

其二,突破单向输出,开展"翻转课堂"模式的实践。与传统教学中教师对学生单向输出知识的模式不同,在本次研究活动中,笔者首先将学习主动权交给学生,由学生在参观活动中以海报的形式独立完成对文物的考察。虽然学生最初的成果难以尽善尽美,但却可以提醒笔者进一步优化教学设计与实践。笔者的示范,又反过来影响学生的学习行为,由此形成了教与学的良性互动与互补。

其三,突破一般教学,设计不同层次的教与评模式。有别于一般教学中围绕课堂而展开的"一言堂""诊断性测验""结果性评价"等模式,在本次研究活动中,笔者设计了日常课教学、讲座课教学与研究课教学等多种教学模式:在日常课教学中,借助历史文物资源,帮助学生掌握史料实证方法;在讲座课教学与研究课教学中,帮助学生全面架构历史知识体系,训练史学思维方法。在此基础上进行的测验与教学评价,也做到了因材施教、循序渐进,以期对学生的历史学科核心素养的培育与发展产生持续性的积极影响。

其四,突破课堂界限,于日常浸润中提升家国情怀。在"文物证史"各个阶段的教学实践中,笔者引领学生突破了历史课堂的时空界限。通过多次走进博物馆的方法,帮助学生延展了历史学习与探究的维度。在那些承载灿烂文明、传承历史文化、维系民族精神的文物前,引导学生从历史的角度认识我国的发展变化,由此形成对祖国的认同感和正确的国家观。在这样的教学设计下,笔者发现,不仅学生的史料实证核心素养能够得到系统性的培养,而且其家国情怀也能在立足乡土、放眼天下中得到很好的提升,历史学科立德树人的根本任务也能得到有效落实。

(本案例作者:位育中学教师 李倩夏)

激发教师的学科育人意识,提升教师的立德树人综合能力,更准确全面地贯彻落实"双新"改革的要求,践行学科导师、全员导师的价值理念,需要进行长期的、系统性的探索。目前,我校对于"学科导师制"的探索还处于起步阶段,尽管已经建构了相应的制度体系,也结合学科特点引导教师探索形成了个性化的指导案例,但是从学校"学科导师制"多维育人模式的建构和学科育人的系统性设计上看,现有的探索还是比较零散的。下一步我校将进一步聚焦项目研究的整体设计,在原有的点状探索的基础上,结合学科特点和"双新"理念,从更高层次探索并完善学科导师的实施路径和评价保障体系,形成更系统、更科学、更完善、更有推广价值的学科导师育人模式。

▶ 下篇

展　望

第七章 持续推进"双新"改革的回顾与展望

任何层面的教育改革设计,都需要经受成功与否的检验。对教育改革设计进行检验,关键标准有两个。其一,要以人的发展作为根本标准。任何教育改革的最终目标都应是更好地促进人的发展,这里的人,首先是教育的对象——学生,要把是否能够促进学生德智体美劳全面发展作为判断教育教学改革成功与否的关键标准。① 同时,这里的人也包括教师,教师是教育教学改革的主要执行者,依托教育教学活动实现教师的专业成长,是教育领域普遍的共识。其二,要以教学有效性的提升作为直接标准。任何的教育教学改革,如果不能提升教学质量,不能优化教学管理,不能拓展学科的育人空间,那么这种改革将会是无效的。基于这样的认识,本章之中,笔者将回顾、反思我校在"双新"改革过程中取得的实践成效,分析、展望未来的努力方向。

第一节 位育中学"双新"改革的成效

课程教学改革是前赴后继、永无止境的实践。严肃的课程教学改革,既是对社会发展要求的主动回应,也是探索教育规律以促进学生健康发展的自觉努

---

① 何欢.浅论教育改革的评价标准[J].内蒙古教育,2019(1):121-123.

力。[①] 课程教学改革是一种具有复杂性、系统性的改革,人们总是希望借助持续不断的改革更好地重塑课程教学的三大基本要素——教师、学生和知识之间的逻辑关系。关于重塑这种逻辑关系的分析,为我校科学进行"双新"改革实践提供了一个具有可行性的行动框架。从"双新"改革的基础逻辑和重心来看,我校的"双新"改革实践从整体上提升了学科教学的育人价值和育人效果,在此基础上,又优化了教师的课程教学理念、提高了教师的学科教学素养,为优质教师队伍的建设提供了坚实的保障。同时,学科教学育人作用的发挥和教师的专业成长,最终又作用到学生身上,助力学生核心素养的提高和德智体美劳的全面发展,提升了人才培养的质量。

一、提升了学科教学的育人效能

在落实"双新"要求的过程中,如何提升教学的有效性一直是教师较为关心的问题,可以说,教育教学改革的核心指向就是提升教学的有效性。教学是否有效,不能凭空臆测,要根据客观的、科学的标准判断。根据相关研究,有效教学的标准有以下五个方面:第一,师生共同参与创造性活动,以促进学习。当师生为一个共同的目标协同努力时,学习的效果将会是最好的,它能激发学习者之间互相帮助。由于师生一起努力能使教学活动中的交流频率大幅提高,能促进相互之间信息的传递和想法的交流,因此师生共同参与创造性活动能使教与学的效果最大化。第二,通过课程发展学习者的语言,提高学习者的素质。传统教学注重知识的传授,主要是通过机械的背诵、练习来记忆知识,很少注意最基本的语言能力的发展。第三,把教学与学生的真实生活联系起来,以此创造学习的意义。根据学生的背景知识发展其新的知识与技能,这既能提高个人的自信,也能提高学校的自信。第四,教给学生复杂的思维技能。通过思维挑战

---

① 郭华.教学改革的初心与坚守[J].中小学管理,2021(5):9-12.

发展学生的认知技能,帮助学生从简单的记忆型学习升级为高阶的思维型学习。第五,通过对话进行教学。不论是知识、技能的获得,还是思维的形成、创造性的发展,都需要通过师生之间不断的表达与交流来完成。①

我国的课程实施或教学主要有三种类型:基于教师经验的教学、基于教科书的教学和基于课程标准的教学。② 随着"双新"改革的深入推进,我们应该逐渐从基于教师自身经验或教科书的教学,走向基于课程标准的教学。基于这样的认识,我校组织教师认真研读课程标准,坚决贯彻落实基于课程标准的教学和评价,特别是对课程标准中所传达的学科核心素养培育的要求,以及这一要求与学科教学之间的关系进行了针对性探索。通过"国家课程的校本化实施"项目,引导教师结合学科教学探索指向学科核心素养培育的教学方法。同时,将课程标准所强调的项目化学习、跨学科学习、综合实践学习、单元整体学习等新型学习方法在课堂上有效运用。上述探索与实践推动了我校学科教学有效性的提升,充分体现了有效教学的特征。

不仅如此,我校还特别注重课程标准所强调的立德树人价值,引导教师在完成学科教学的同时,充分发挥学科教学的育人作用,通过"学科导师制"的独特设计,帮助教师借助学科教学发挥更为完整的育人作用,提高教师的育德意识和育德能力,提升学科教学的有效性。这种既关注学科教学本身,又关注学科教学育人价值的双重设计,是一种契合"双新"理念的有效设计,从整体上激活、提升了学科教学的育人效能。

二、促进了教师队伍的专业成长

教师是教育的第一资源,是推动课程教学改革的核心力量。教师专业素养的提升,既是课程教学改革顺利进行的有效保障,也是课程教学改革应该蕴含

---

① 张璐.略论有效教学的标准[J].教育理论与实践,2000(11):37-40.
② 崔允漷.课程实施的新取向:基于课程标准的教学[J].教育研究,2009(1):74-79,110.

的重要价值与目标导向。这意味着,在课程教学改革的实践过程中,教师既需要通过良好的专业素养提高改革的效果,贯彻落实改革的理念与要求,也需要不断深化对课程教学的理解,优化自己的教学理念和教学方式,促进自身的专业成长。自 20 世纪 60 年代教师专业发展的概念明确提出以来,教师专业发展的问题逐渐成为世界范围内教育领域研究的重要问题,至今势头不衰。[①] 时至今日,教师专业发展已经成为世界教育改革和教育可持续发展的前沿课题。进入 21 世纪以来,教师专业发展的理念和内涵发生了很大转变,比如越来越强调教师个体知识在教师专业发展中的重要价值,强调教师专业发展需要从外控式、被动的发展范式向内发式、主动的发展范式转变,强调教师专业发展的本质在于专业实践的改善,等等。在"双新"实践中,我校始终坚持依靠教师、成就教师的原则,一方面引导教师认真研读课程标准,结合学校开展的研究项目,通过自主课题研究、教学方法优化等自主学习、管理方式,不断优化教师的教学理念和价值观,帮助教师建构和"双新"理念相匹配的知识体系、教学认知和教学技能。另一方面,顺应教师专业发展的转型趋势,依托以"问题研讨式"为核心的校本深度教研项目和各学科教研组、备课组的设计,建设旨在引领教师专业成长的专业学习社群,以集体赋能的方式进一步提升我校教师的教学素养。上述努力有效促进了我校教师的专业发展,在这样的基础上,我校教师能够主动承担相应的研究项目,能够主动进行教学反思、开展教学研究,能够主动探索并优化教学方法,能够在集体教研中充分发挥智慧。表 7-1 展示了 2017—2022 年我校教师的论文发表情况。

表 7-1 2017—2022 年位育中学教师的论文发表情况[②]

姓名	所教学科	论文名称	刊物名称
郝景鹏	语文	培养议论文写作的"设计"意识	新读写

① 王晓莉.教师专业发展的内涵与历史发展[J].教育发展研究,2011(18):38-47.
② 本表按照论文发表时间从 2022 年至 2017 年排列。

（续表）

姓名	所教学科	论文名称	刊物名称
陈凯	信息技术	从心知到芯知——浅谈测量与计算	中国信息技术教育
左双奇	数学	因材施教，发展数学建模核心素养	中小学数学（高中版）
陈凯	信息技术	计算思维的浓度	中国信息技术教育
陈凯	信息技术	思维中被隐藏的计算——从折纸谈起	中国信息技术教育
王瑞梅	政治	高中思想政治课议题式教学情境创设——以一堂高三时政专题复习课为例	现代教学
陈凯	信息技术	让计算机重新学习加法运算——兼论机器和人的思维	中国信息技术教育
吕小璇、吴芳、马仁锋、江文政、张婧	地理	高中人文地理交通主题的课程思政设计	地理教学
陈凯	信息技术	思维中的计算机	中国信息技术教育
封玉林	物理	单元设计中的教材结构化处理	现代教学
伍秀峰	物理	磁场方向可以是"N极受力"方向吗？	物理教学探讨
陈凯	信息技术	交叉学科发展背景下的中学跨学科项目学习活动设计策略——以集成电路科学与工程教学为例	中学科技
陈凯	信息技术	显现隐藏的计算需求——芯片的输入、计算和输出	中国信息技术教育
郝景鹏	语文	开掘独特视角 达成深度探究——以《五代史伶官传序》教学为例	现代教学
陈凯	信息技术	从算法思维向计算思维趋近	中国信息技术教育
华卫民	语文	2022年高考古诗文阅读策略	中文自修

（续表）

姓名	所教学科	论文名称	刊物名称
左双奇	数学	高考模拟试题的命制实践与思考	中小学数学（高中版）
封玉林	物理	物理课堂中的迁移式情境教学	新课程
陈凯	信息技术	从"元宇宙"的视角思考程序语法	中国信息技术教育
宋晨辰	生命科学	基于HPS教学模式培养学生科学思维	生物学通报
陆颖	地理	融合地理信息技术的"行为体验式"教学设计——以"商业区位条件"一课为例	中学地理教学参考
李响	政治	"学习强国"融入高中思想政治课的路径选择	现代教学
陈凯	信息技术	流程图中的抽象与建模	中国信息技术教育
陈凯、王春艳	信息技术	网络组建教学中的思维培养	中国信息技术教育
颜敏玉	语文	走进"遥远"的《乡土中国》	中文自修
伍秀峰	物理	简单的双缝干涉课堂活动设计	物理通报
伍秀峰	物理	双传感器实时显示摩擦力和正压力的设计	物理教师
陈凯	信息技术	元规则与计算思维	中国信息技术教育
陈凯	信息技术	编程与梦想	中小学信息技术教育
李倩夏	历史	博物馆课程资源在中国史教学中的整合运用	现代基础教育研究
陈凯	信息技术	从规则的实体化看计算思维——以数列求和为例	中国信息技术教育
朱肖敏	物理	基于核心素养的任务导向型教学设计——以"共点力的平衡"为例	理科爱好者（教育教学）
颜敏玉	语文	整本书阅读中的情境任务设计探究——以《乡土中国》为例	上海课程教学研究

（续表）

姓名	所教学科	论文名称	刊物名称
陈凯	信息技术	从数据的空间结构看计算思维——以数列求和为例	中国信息技术教育
颜敏玉	语文	语文素养与人文精神双线组元思想的探索实践——以《乡土中国》整本书阅读教学为例	现代教学
赵蓓沁	语文	经梳理内化知识　由反思建构读法——以选择性必修（中册）第一单元梳理课为例	现代教学
陈凯	信息技术	能看见计算的拼图	中国信息技术教育
赵蓓沁	语文	"科学与文化论著研习"单元教学中的学生逻辑思维培养——以恩格斯"社会历史的决定性基础"为例	现代基础教育研究
姜圣华	数学	高中数学课堂中大数据处理的实践研究	现代教学
高鑫华、张弛	生命科学	"基因工程专题复习"的情境化教学设计	生物学教学
李响	政治	职初教师"问题研讨式"培训课程的建设研究——以上海市位育中学为例	教育参考
陈凯	信息技术	从热点概念导向信息技术教学中的计算思维培养——以数据和计算为例	中国信息技术教育
王旭卿、陈凯	信息技术	基于开源系统开展信息技术教育	中国信息技术教育
朱肖敏	物理	追求理解的教学在高中物理单元教学设计中的运用——以"运动的描述"单元为例	新课程
陈凯	信息技术	黑箱里的数据和计算	中国信息技术教育

（续表）

姓名	所教学科	论文名称	刊物名称
陈凯	信息技术	二进制数字编码过程中的计算思维	中国信息技术教育
陈凯	信息技术	对一组数据进行操作的三重思考	中国信息技术教育
郝景鹏	语文	古诗文阅读学法指导举隅	中文自修
张弛	生命科学	基于核心素养的项目式教学初探——以"生物工程的应用"一节为例	中学生物教学
伍秀峰	物理	力的分解中简单的可视化设计	中学物理教学参考
殷忠业	数学	学习迁移在高中数学教学中的实践探究	中学数学
陈凯	信息技术	关于何为真实情境的讨论——以遗传算法教学为例	中国信息技术教育
陈凯	信息技术	从模型到现实——木星卫星轨道数据的分析和智能预测	中国信息技术教育
郝景鹏	语文	从字形入手解读《芣苢》	语文学习
陈凯	信息技术	围绕机器学习整合信息技术教学内容	中国信息技术教育
陈凯	信息技术	从解决数学问题到构建计算系统	中小学信息技术教育
陈凯	信息技术	简单数字电路里的智慧——需求和模型	中国信息技术教育
陈凯	信息技术	从系统的视角思考信息社会数学的价值	中小学信息技术教育
陈凯	信息技术	简单数字电路里的智慧——从数据到知识	中国信息技术教育
陈凯	信息技术	边画边算的决策树实战	中国信息技术教育
陈凯	信息技术	人工智能教学融入高中信息技术课程基础模块的几个策略	中小学信息技术教育
陈凯、王嘉忱	信息技术	从模仿游戏看机器的智慧	中国信息技术教育

（续表）

姓名	所教学科	论文名称	刊物名称
沈春勇	体育	"快乐体育"教学形式在中学网球教学中的运用	试题与研究
郝景鹏	语文	人间可贵是温情——《文氏外孙入村收麦》索解	语文学习
赵晓虹	英语	"微课"在高中英语教学中的应用	上海教育
殷忠业	数学	在高中数学教学中培养学生创新能力的几点尝试	高考
陈凯	信息技术	字母跑马灯——解决树结构搜索问题的计算模型	中国信息技术教育
莫翼	英语	移动学习在高中英语辅助教学中的应用	现代教学
陈凯	信息技术	用马尔科夫链玩智能作曲	中国信息技术教育
陈凯	信息技术	溯洄从之，一波三折——关于特征提取的教学实例与策略	中国信息技术教育
陈凯	信息技术	遍历查找中的计算思维	中国信息技术教育
宋晨辰	生命科学	"一境到底"培育科学思维的概念学习——以"基因突变"的教学为例	中学生物教学
何穗、闫亚瑞、庄璟	化学	中学教师评价素养测评与分析	上海课程教学研究
陈凯	信息技术	关卡前的选择——人工智能学习路径的迷思	中国信息技术教育
陈凯	信息技术	迭代中的秩序、混乱和智慧	中国信息技术教育
陈凯	信息技术	从手工研磨咖啡的决策来谈人工智能教学中的取舍	中国信息技术教育
陈凯	信息技术	神经网络自己搭	中国信息技术教育
顾玉红	英语	任务合作型课堂教学设计的尝试和反思——以一堂高三英语词汇学习课为例	基础教育论坛

（续表）

姓名	所教学科	论文名称	刊物名称
陈凯	信息技术	第一视角的强化学习	中国信息技术教育
俞岚	历史	中学历史课堂史料实证与时空观念的培育与探究——以"林肯家庭搬迁看美国领土扩张"为例	中学历史教学参考
左永明	语文	建构·思辨·提升——语言运用与思维提升视角下的高考作文能力培养	语文教学与研究
陈凯	信息技术	数据表里的机器学习	中国信息技术教育
陈凯	信息技术	简单的智能移动问答系统	中国信息技术教育
伍秀峰	物理	由集束效应到磁通量的感性认识	物理通报
陈凯	信息技术	从串糖葫芦游戏到线性回归	中国信息技术教育
华卫民、程元	语文	闪耀的群星:传记文学的阅读	语文建设
陈凯	信息技术	从数字比较看计算中的思维	中国信息技术教育
金莉	心理	颜值就是"正义"吗？——高中生体像烦恼心理辅导个案	中小学心理健康教育
陈花蕊	化学	以学科核心素养为导向的化学作业设计	中学化学教学参考
陈凯	信息技术	用手机收发"电报"	中国信息技术教育
陈凯	信息技术	不一样的冒泡排序	中国信息技术教育
伍秀峰	物理	小范围数据统计对气质的粗浅分析	科学大众（科学教育）
黄庆锋	数学	数列单元序言课的教学设计及思考	上海中学数学
陈韵竹	地理	上海地理等级考教学内容选择与整合的几点思考	地理教育
伍秀峰	物理	自行车稳定前进时的某种表观几何现象	物理教师
杜忠辉	数学	几道上海高考题引发的思考——极端原理求解一类不定方程	数学学习与研究

（续表）

姓名	所教学科	论文名称	刊物名称
朱肖敏	物理	探究性物理实验对中学生批判性思维培养的作用	中学物理
金凡、陈凯	信息技术	兔子序列里的计算思维	中国信息技术教育
金莉	心理	高中生人际信任、家庭功能对情绪调节自我效能感的影响研究	现代教学
伍秀峰	物理	正负离子导电电流两倍的额外矛盾	湖南中学物理
陈凯	信息技术	圣诞树、标签系统和计算思维	中国信息技术教育
陈凯	信息技术	怎样创造一片森林——模拟形象、模拟行为与模拟创造本身	中国信息技术教育
伍秀峰	物理	镜像中的左右颠倒与左右手颠倒	科学大众（科学教育）
代玲玲	地理	高一地理课堂教学渗透学科核心素养的探索——以"中国地域文化"新课教学设计为例	地理教学
陈凯	信息技术	信息熵的直观体验	中国信息技术教育
陆颖、汪根平	地理	地理社会教学资源开发与利用研究——以"齐云山社会实践考察"为例	中学地理教学参考
陈凯	信息技术	制作简单的 AVG 互动教学引擎	中国信息技术教育
陈凯	信息技术	畅想未来教育的创造者	中小学信息技术教育
陈凯	信息技术	怎样动手"造"一个模数转换装置	中国信息技术教育
丁晓昕	语文	重视文本语言分析，提升文言文审美价值	名家名作
伍秀峰	物理	探讨一道疑似错题的额外价值	物理通报
陈凯	信息技术	怎样动手"造"一台冯·诺依曼架构计算装置	中国信息技术教育
沈春勇	体育	中学网球教学的理念与创新实施	当代体育科技
方海霞	政治	基于课程标准的高中政治社会调查教学和评价的研究与实践	思想政治课研究

（续表）

姓名	所教学科	论文名称	刊物名称
陈凯	信息技术	怎样动手"造"一台继电器计算装置	中国信息技术教育
陈凯	信息技术	怎样动手"造"一台图灵机	中国信息技术教育
伍秀峰	物理	由制作悬针式安培力演示仪想到的	物理教学
陈凯	信息技术	存储符号中的虚拟与现实	中国信息技术教育
陈凯	信息技术	随机存取存储器的直观体验	中国信息技术教育
陈凯	信息技术	程序代码里的优选实验	中国信息技术教育
陈凯	信息技术	远处的风景和当下的路径	中国信息技术教育
陈凯	信息技术	程序代码里的"遗传"	中国信息技术教育
陈凯	信息技术	用记事本游戏帮助教学	中国信息技术教育
王勇	物理	多功能"电磁感应"教学实验套装的设计与开发	教育现代化
陈凯	信息技术	游戏编辑器的教学潜力	中国信息技术教育
陈花蕊	化学	让学生动手学化学 使复习课不再枯燥——记一节"铝的单质及化合物"复习课	教学月刊·中学版（教学参考）
常丽霞、张婧	地理	依托"K学界"平台优化高中地理教学	地理教育
陈凯	信息技术	游戏设计中的程序结构	中国信息技术教育
陈凯	信息技术	打开通用计算机的盖子	中国信息技术教育
陈凯	信息技术	人工"智能"图像识别	中国信息技术教育
陈凯	信息技术	流水线上的神奇转换——初窥Lambda演算	中国信息技术教育
陈凯	信息技术	用游戏体验递归	中国信息技术教育
陈凯	信息技术	电子表格音乐合成器	中国信息技术教育
陈凯	信息技术	"活"过来的经典计算机——马尔科夫重写系统	中国信息技术教育

（续表）

姓名	所教学科	论文名称	刊物名称
陶霞	语文	作文题2	当代学生
陈凯	信息技术	合理设计教学，揭示概念本质——"SMTP邮件协议"教学设计	上海课程教学研究
陈凯	信息技术	"活"过来的经典计算机——差分机	中国信息技术教育

三、实现了更高质量的人才培养

学生是教学改革最直接的受益者，学生的成长也是检验教学改革成果最重要的标准。从根本上说，"双新"改革，就是要提升课程教学的整体育人效能，就是要建构一种有利于学生核心素养培育和全面发展的高质量课程教学体系。一方面，我校对各类国家课程、校本课程、主题课程群的设计、实施和评价进行了调整和优化，形成了富有学校特色的课程教学体系，为学生的全面发展和核心素养的提升提供了良好的课程教学支持。另一方面，我校通过"学科导师制"的探索、家校协同育人体系的建构以及德育、生涯教育、心理健康教育、安全教育等诸多教育样式的综合运用，为学生打造了一个完整的、系统的育人体系，帮助学生在完成学习任务的同时实现高质量发展。我校坚持破除"内卷"，按教育规律办高质量教育，在课程教学改革的过程中，真正考虑学生的现实需要，真正尊重新时代高中生的发展规律，让学生能够在一种温馨幸福的环境中获取知识、培育素养、实现发展。整体而言，"双新"改革在一个更高的层面上，塑造了我校的课程特色与育人品质，提高了我校的知名度和师生的满意度，也让我校的人才培养有了更鲜明的标志。下文展示了两位学生在我校求学的体验、收获与感悟。（略有改动）

热　爱

我是位育中学高二(3)班学生程逸悠。我在刚刚举办的全国青少年信息学奥林匹克竞赛中获得了一等奖。

大家一定会惊讶,一个女生怎么会对复杂甚至有些枯燥的编程情有独钟、如此热爱呢? 其实最初我也就是觉得好玩,用简单的 Scratch 做一些简单的动画和模块控制。渐渐地,我开始对硬件控制产生兴趣,并开始学习 Arduino 开发课程,在老师的指导下,我逐步了解了算法的概念,然后又开始学习计算机编程语言。学习计算机编程语言并不断深入的过程对我来说很有意思,也特别有挑战,所以我一直钟情至今。

进入位育中学后,我曾特别忐忑:高中的学习压力比较大,我还能继续学习、深造我最喜欢的编程吗? 我还能继续完成我的梦想吗? 庆幸的是,在位育中学,这个答案是肯定的。老师不仅在信息技术知识的学习上给予了我专业的指导,在平时的学习、生活上,也都对我特别关心。这些指导、鼓励和帮助让我觉得我不是一个人在奋斗,而是整个学校站在了我的身后支撑着我。

在位育中学,每一个兴趣都会被尊重,每一个梦想的种子都会被呵护。全国青少年信息学奥林匹克竞赛一等奖的荣誉不仅仅是我一个人的,更属于帮助我、支持我的每一个人。今天是位育中学建校 80 周年的日子,我想用这份成绩和荣誉向学校献礼。在今后的日子里,我要继续用我小小的热爱点亮未来的科技梦、强国梦。

(本文作者:位育中学学生　程逸悠)

创　想

我是高三(7)班学生方丁龙。很高兴今天能和大家分享我在位育中学的"创想"心声。说到创想,就一定离不开我最喜欢的芯片课程。

现在,大家看到的就是我目前正在研究的一个关于芯片的小课题:基于图像检测技术的智能化穿搭推荐系统。课题中运用了时下热门的人工智能技术，在此基础上结合一定的编程，便可以实现根据天气状况与出行需求获得个性化穿搭方案的功能。事实上，从选取技术方案到确定技术流程，我在学校芯片课程中学到的理性分析能力发挥了重要作用，芯片课程所强调的创新精神更是贯穿课题研究的始终。学校的芯片课程不仅让我获得了芯片的相关知识，更为重要的是，提高了我解决问题的能力，并激发了我在科创领域继续深耕的兴趣。

能成为这样一支"芯苗"，我感到非常幸运。在位育中学，我找到了扎根科创事业、实现科技强国的"芯"梦想。

（本文作者：位育中学学生 方丁龙）

第二节 位育中学"双新"改革的展望

教育改革只有"进行时"，没有"完成时"。当前，党和国家正在大力推进教育强国建设，正在积极探索教育现代化的有效实践路径。新的发展阶段，新的教育改革形势，都给学校层面的课程教学与人才培养提出了新的要求和挑战。在这样的整体环境下，我校也要采取更有质量、更具内涵、更有价值的发展思路，在系统总结"双新"改革现有经验的基础上，对未来持续推进"双新"改革形成一种整体性制度设计，把握其中的关键问题。以反思的视角和发展的眼光看，我校未来的改革发展，应该在以下三个方面继续努力。

一、注重探索适应"未来学校"的课程教学改革

随着新技术革命的开始，全球范围内，新一代信息产业和信息技术正以惊人的速度发展并改变着世界。从产业模式、运营模式到消费结构、思维方式，信

息技术对日常生活、城市发展的影响程度将会越来越深,信息技术自身的发展趋势也会根据科研技术的进展情况和市场热度等因素而不断变化。如今,"数字经济""人工智能""跨界融合""大工程、大平台模式"已成为新一代信息产业发展的新趋势。信息技术的快速发展和广泛运用,深刻改变了人们的生产生活方式,也必然会为教育改革带来更多的机遇与挑战。如何抓住信息技术的优势,推动技术赋能教育,显然已经成为当今时代教育改革与发展的重点研究问题。从"双新"改革的角度来看,课程实施、课程评价等相关领域均包含了依托信息技术改进课程教学实施与评价的要求。因此,探索由信息技术支撑的课程教学改革也是落实"双新"要求不容忽视的问题。

随着信息技术在教育领域的深度运用,学界开始关注教育在未来时代可能的存在状态,"未来学校"逐渐成为教育领域研究的重要话题。从某种程度上说,"未来学校"并非一个严谨的学术概念,而是一个与时俱进的教育话题[1],是人们对不同于传统的学校样态的多种期待[2]。对于这一话题的讨论主要是基于对未来社会发展状态的判断和对未来社会人才培养的思考。因此,从概念上说,"未来学校"是在新一轮工业革命背景下发生的学校系统性变革,是基于未来人才培养需求与人工智能技术的深度融合创新而形成的处于持续动态发展进程中的新形态育人场域。[3] "未来学校"具有三个维度的主要特征:第一,"未来学校"是时空环境不断拓展的学校。由于信息技术的广泛运用,"未来学校"将不再单纯地表现为封闭空间下的静态教学,固定班级、固定课表的传统教学形式面临重构的可能,虚拟与现实的结合、人机环境的交融以及静态与动态的融合将大大丰富"未来学校"的存在形态。第二,"未来学校"是培养未来人才的学校。不论是当下的学校,还是未来的学校,育人始终都是其核心问题和其存在的核心价值。"未来学校"要培养能够适应未来社会的新型人才,新型人才的

---

[1] 曹培杰.未来学校的兴起、挑战及发展趋势——基于"互联网+"教育的学校结构性变革[J].中国电化教育,2017(7):9-13.

[2] 王枬.未来学校的时空变革[J].全球教育展望,2019,48(2):64-72.

[3] 罗生全,王素月.未来学校的内涵、表现形态及其建设机制[J].中国电化教育,2020(1):40-45,55.

培养指向学习者的德性、知识性、主体性、智能性和高阶思维性的发展,"未来学校"将更多地采用项目化学习的方式为学生提供指向问题解决情境的个性化教育。第三,"未来学校"是以信息技术为支撑的学校。"未来学校"的建设与发展需要基于学校教育的发展创新使用人工智能技术,信息技术将成为学校教学的重要支撑,信息素养将成为教师和学生的必备素养。

　　放眼全球,对学校进行重新设计以应对未来的挑战逐渐成为各国推动教育发展的重要举措①,在此热潮中,"未来学校"也逐渐成为我国基础教育改革的政策出发点和创新立足点。2016 年 11 月,中国教育科学研究院发布了《中国未来学校白皮书》;2017 年 10 月,教育部学校规划建设发展中心启动了"未来学校研究与实验计划",随之而来的一系列理论研究和实践探索,推动了我国"未来学校"的形态变革和全方位创新。在有关"未来学校"的研究中,除了技术层面的支持和人才培养定位的思考之外,另一个重要的问题是如何帮助教师达到适应未来教育形态的专业发展状态。在"未来学校"之中,学生的学习方式与教育形态会发生革命性变革,未来教师的角色将呈现出专业性与多样性相结合的特征,教师需要成为学生学习过程的领航员、学生学习的评估者、学习情境的创设者、学生发展的交流者、学习资源的开发者和专业成长的自主学习者。同时,研究素养、创新素养、跨学科素养和信息素养将成为未来教师必备的素养,这实际上为未来的教师专业发展提出了新的挑战和要求。② 在上述素养中,可以预见的是,"未来学校"教师的信息素养将会有非常显著的重要性。在"未来学校"里,教师不但需要有搜集、选择、理解、质疑和运用信息的意识与能力,而且必须具备能够运用各种人工智能技术开发数字化学习资源、创设数字化学习环境的能力。

　　基于上述分析,以信息技术的充分运用为主要标志的"未来学校"将会成为

---

① 祝智庭,管珏琪,丁振月.未来学校已来:国际基础教育创新变革透视[J].中国教育学刊,2018(9):57-67.
② 荀渊.未来教师的角色与素养[J].人民教育,2019(12):36-40.

教育教学改革探索的重要方向。"未来学校"呼唤教师适应未来教育的新的素养体系,也对学校的课程教学实施空间、实施方法等提出了新的要求。我校虽然具有一定的信息化教学基础,但是在教师信息素养的培育,以及借助信息技术开展精准教学、精准教研、精准评价等方面还存在欠缺。因此,在我校未来的改革中,要着眼于未来教育的变革需要,加强对以信息技术为支撑的课程教学改革的针对性研究,用一种"未来已来、主动应对"的态度,思考和建构与信息时代相匹配的课程教学体系。

二、注重提升师生参与学校改革发展的内在意愿

学校的改革发展是以师生为主体进行的,师生的主动参与是学校改革发展取得良好效果的重要保障。

从教师的角度看,教育改革中的教师参与问题自 20 世纪 60 年代开始逐渐成为教育领域研究中的重要问题,这主要是基于对课程教学改革失败的原因分析。虽然 20 世纪中叶以来,世界范围内主题各异的大规模课程教学改革风起云涌,但是这些改革在实践中往往会面临一种"理想丰满,现实骨感"的窘境,甚至很多时候被认定为一种"失败的改革"。基于对课程教学改革失败的原因分析,越来越多的研究发现,改革并非易事,如果缺少了教师的有效参与,那么无论设计得多么精良的改革方案也很难取得成效。课程学家古德森强调,教育改革必须重新审视和分析其内外部关系,这种审视和分析必须将人的转变作为首要因素。除了理论层面的研究和主张外,世界范围内越来越多的教育实践也表明,只有教师真正有效参与的教育改革才可能是持久有效的改革。虽然教师的有效参与是教育改革成功之保障这一共识已经形成,但是在实践中教师对待教育改革的态度并不总是积极的。要引导教师有效地参与学校的改革发展,其核心问题就是要提高教师参与改革的意识和能力,前者决定了教师对于改革的态度和投入程度,后者决定了学校改革发展

的最终成效和质量。因此,如何根据学校的实际情况,通过教师参与学校改革发展意识与能力的系统性提升,建构教师有效参与改革的实践机制,是学校改革发展成败的关键。

从学生的角度看,学生是我国基础教育改革的重要主体,对关涉自身利益的教育改革问题发表意见、提出建议是学生应该享有的基本权利。但是,在学校改革发展的实践中,学生往往仅被视作改革的受益对象,其参与改革的价值容易被忽视,其主体地位也通常得不到保障。

近年来,在推动学校改革发展的过程中,我校对教师队伍的建设和教师的专业发展投入了大量人力、物力、财力,构建了支撑教师专业发展的高质量校本教学体系,教师队伍的整体水平在同类学校中也处于前列。但是,教师对于学校改革发展的参与意识存在一定的个体性差异,这些差异导致有的教师经常游离于学校改革发展的整体设计和实施之外。因此,为谋求学校更高质量的发展,有必要运用现代教育治理理念,充分调动全体教师的参与意识,保障教师的参与权利,让教师真正成为推动学校改革发展的核心力量。与此同时,处于高中阶段的学生已经具备了基本的判断能力和思维能力,完全有可能在学校的改革发展中贡献自己的智慧和力量。我校也将在人才培养和推进学校改革发展的过程中,更加注重对学生的建议与意见的收集,让学生为学校的改革发展一起出谋划策,使学生真正体会到其在学校改革发展中的重要价值。

三、注重总结升华富有引领价值的教育改革经验

新时代,我国基础教育被赋予了鲜明的时代特征。"顺应时代变化和人民群众的期待,加快发展更高质量、更加公平、更具个性的教育,促进社会公平正义与和谐进步"[1]是新时代我国基础教育改革发展的重要价值导向。习近平总

---

[1] 王定华.新时代我国教育改革发展的新方向新要求——学习习近平总书记在全国教育大会上的重要讲话[J].教育研究,2018(10):4-11,56.

书记在党的二十大报告中全面阐述了中国式现代化的内涵、本质和特征。中国式教育现代化是中国式现代化的重要组成部分,也是中国式现代化的重要支撑。中国式教育现代化有其内在的政治逻辑、历史逻辑、理论逻辑和实践逻辑,探索中国式教育现代化道路应该具有一种鲜明的本土情怀和主体自觉,主动通过对教育领域共性问题的探索,为解决世界教育现代化难题提供中国经验和中国智慧。^① 中国式教育现代化的基础在于每一所学校的高质量发展,在这样一种整体背景下,基层学校应该从更高的层面和价值维度审视自身的改革发展问题,主动总结具有校本特色和传播价值的课程教学改革经验,夯实中国式教育现代化的实践基础,也为教育改革的中国经验和中国智慧贡献素材。从这个角度出发,作为一所具有较高知名度的实验性示范性高中,我校在自身改革发展的过程中,已经围绕学校管理、课程教学、人才培养等方面进行了丰富的实践探索,也积累了大量实践经验。着眼未来,有必要以一种更加系统的思维方式,对改革的经验进行总结升华,生成具有学校辨识度和传播、引领价值的特色经验,为教育强国的建设、中国式教育现代化的推进和高质量普通高中的打造贡献属于位育中学的独特力量。

"长风破浪会有时,直挂云帆济沧海。"新的时代孕育新的使命,新的使命召唤新的作为。上述三个方面从整体上勾画了位育中学未来推动学校改革发展的关键领域。以这些关键领域作为引领,整体推动学校向更高质量、更具内涵的方向发展,是每一个位育人的重要使命。作为位育中学的一员,作为学校改革发展的重要引领者,笔者也将继续传承、发扬位育中学的独特文化和精神,继续探索符合时代发展的学校治理之道,继续以更加积极主动的思考和作为引领学校在新的发展阶段实现教育质量和教学品质的再提升,继续以高质量办学彰显笔者作为一名教育工作者的初心和使命。

---

① 张志勇,袁语聪.中国式教育现代化道路刍议[J].教育研究,2022(10):34-43.

图书在版编目（CIP）数据

素养导向的位育中学"双新"实践 / 王亦群著.
上海：上海教育出版社，2024.5.
— ISBN 978-7-5720-2747-5

Ⅰ．G632

中国国家版本馆CIP数据核字第20248P14Y0号

责任编辑　袁梦清　陈杉杉
封面设计　金一哲

素养导向的位育中学"双新"实践
王亦群　著

出版发行　上海教育出版社有限公司
官　　网　www.seph.com.cn
地　　址　上海市闵行区号景路159弄C座
邮　　编　201101
印　　刷　上海龙腾印务有限公司
开　　本　700×1000　1/16　印张14.5
字　　数　205千字
版　　次　2024年5月第1版
印　　次　2024年5月第1次印刷
书　　号　ISBN 978-7-5720-2747-5/G·2437
定　　价　98.00元

如发现质量问题，读者可向本社调换　电话：021-64373213